500만 독자 여러분께
감사드립니다!

세상이 아무리 바쁘게 돌아가더라도
책까지 아무렇게나 빨리 만들 수는 없습니다.

길벗은 독자 여러분이
가장 쉽게, 가장 빨리 배울 수 있는 책을
한 권 한 권 정성을 다해 만들겠습니다.

독자의 1초를 아껴주는
정성을 만나보세요.

미리 책을 읽고 따라해 본 2만 베타테스터 여러분과
무따기 체험단, 길벗스쿨 엄마 2% 기획단,
시나공 평가단, 토익 배틀, 대학생 기자단까지!!
믿을 수 있는 책을 함께 만들어주신
독자 여러분께 감사드립니다.

뭐 해먹고 살지?

SNS로
돈 벌기

퍼스널 브랜딩 디렉터 **김인숙** 지음

길벗

뭐 해먹고 살지?

SNS로 돈 벌기
Make money with SNS

초판 발행 · 2022년 2월 28일
초판 2쇄 발행 · 2022년 7월 20일

지은이 · 김인숙
발행인 · 이종원
발행처 · (주)도서출판 길벗
출판사 등록일 · 1990년 12월 24일
주소 · 서울시 마포구 월드컵로 10길 56(서교동)
대표 전화 · 02)332-0931 | **팩스** · 02)322-0586
홈페이지 · www.gilbut.co.kr | **이메일** · gilbut@gilbut.co.kr

기획 및 책임 편집 · 박슬기(sul3560@gilbut.co.kr) | **담당 편집** · 안수빈(puffer@gilbut.co.kr)
표지 및 본문 디자인 · 이도경 | **제작** · 이준호, 손일순, 이진혁 | **영업마케팅** · 전선하, 차명환, 박민영
영업관리 · 김명자 | **독자지원** · 윤정아, 최희창

전산편집 · 이도경 | **CTP 출력 및 인쇄** · 천일문화사 | **제본** · 경문제책

ISBN 979-11-6521-886-7 03000
(길벗 도서번호 007109)

가격 16,000원

독자의 1초를 아껴주는 정성 길벗출판사
길벗 IT단행본, IT교육서, 교양&실용서, 경제경영서
길벗스쿨 어린이학습, 어린이어학

페이스북 | www.facebook.com/gilbutzigy
네이버 포스트 | post.naver.com/gilbutzigy

머리말

'퍼스널 브랜딩', SNS로 나만의 브랜드를 만들어라!

필자는 약 10여 년을 퍼스널 브랜딩 디렉터로 활동했습니다. 취업 대신 '퍼스널 브랜딩'이라는 낯선 분야에 뛰어들어 저만의 길을 만들어오기까지 SNS의 역할이 컸습니다. 블로그를 하지 않았다면 그토록 하고 싶었던 강의를 할 수 없었을 것이고, 페이스북을 하지 않았다면 SNS 마케터로 커리어를 시작할 수 없었을 것입니다. 저는 이제 유튜브로 수만 명의 사람들에게 제 노하우를 나눠주고, 인스타그램으로 일상을 공유하며 저를 좋아해 주시는 분들과 행복하게 소통하고 있습니다.

현장 강의에서 마케팅이나 브랜딩 전략을 알려드려도 결국은 SNS를 다루는 법에서 막히는 경우가 많았습니다. 마케터가 아니더라도 SNS를 담당하는 직원들이 늘고 있으며, 직급을 막론하고 SNS를 이해해야지만 비즈니스를 할 수 있는 시대가 되었습니다. 대학생들은 SNS가 곧 포트폴리오고, 프리랜서는 SNS를 하지 않고 일을 할 수 없는 실정입니다. 개인도, 기업도 더 늦기 전에 SNS를 시작해야 합니다.

이 책은 **블로그, 인스타그램, 유튜브의 필수 사용법 뿐만 아니라 SNS를 통해 나만의 브랜드를 만들고 수익을 벌어들이는 방법까지 충실히 담아냈습니다.** 온라인 채널의 종류가 너무 많아졌고, 그중 하나만 해도 되는 시대를 지나 이제는 모든 것을 다 잘해야 하는 시대가 되었습니다. 하나의 채널을 A부터 Z까지 세세하게 공부하는 것도 필요하지만 그 모든 것을 다 배우고 익힐 여유가 없다면 각 채널에서 꼭 알아야 할 몇 가지만 익히셔도 충분합니다.

SNS 알고리즘과 트렌드는 끊임없이 변합니다. 알고리즘이 변하더라도 변화한 **알고리즘을 파악하고 스스로 대응할 수 있도록 가장 기본이 되고 기준이 되는 내용을 담았습니다.** 뼈대를 잘 잡아둔다면 응용은 크게 어렵지 않을 것입니다.

SNS를 잘한다고 그게 곧 돈이 되진 않습니다. SNS를 활용하여 나만의 브랜드를 만들어야 합니다. **이 책을 통해 SNS로 기회를 만드는 사람, 자기만의 브랜드를 구축하는 사람들이 많이 생겨났으면 좋겠습니다.**

이 책의 구성

전문가가 알려주는
SNS의 A to Z

SNS 입문부터 각 SNS 채널별 상세 설명까지 다섯 파트로 알차게 구성했습니다.

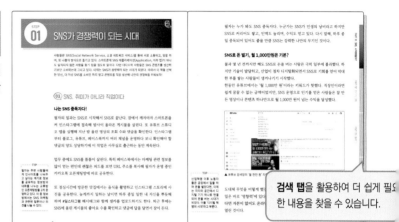

검색 탭을 활용하여 더 쉽게 필요한 내용을 찾을 수 있습니다.

SNS의 전반적인 기본기는 물론, 각 SNS 채널별 핵심 포인트를 담았습니다.

궁금증 해결!
TIP & 잠깐만요

본문에 담지 못한 추가 설명은 TIP & 잠깐만요에 담았습니다.

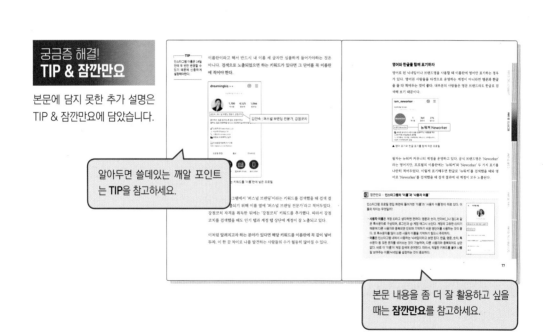

알아두면 쓸데있는 깨알 포인트는 **TIP**을 참고하세요.

본문 내용을 좀 더 잘 활용하고 싶을 때는 **잠깐만요**를 참고하세요.

쉽게 기능을 익히는
무작정 따라하기

설명만으로 감이 오지 않는다
면 무작정 따라하기로 직접 따
라해봅시다.

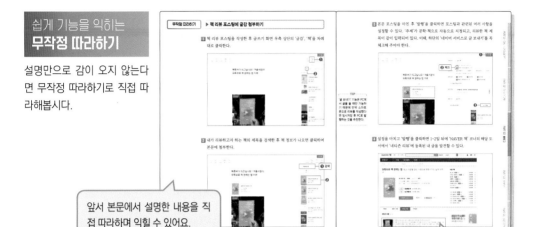

> 앞서 본문에서 설명한 내용을 직
> 접 따라하며 익힐 수 있어요.

> 한 단계씩 차근차근, 누구나 손쉽
> 게 따라할 수 있어요.

한 걸음 더 나아가는
스페셜 페이지

SNS 입문자라면 누구나 궁금
해 할 내용은 스페셜 페이지로
소개합니다.

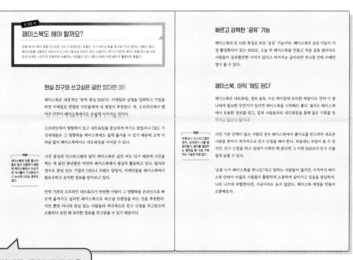

> 세 개의 **스페셜 페이지**를 통해 궁금증을
> 해소하고 한 걸음 더 나아가 봅시다.

목차

PART 03

초록창의
절대강자
네이버 블로그

PART **04**

대체 불가
영상 플랫폼
유튜브

PART 05

SNS 레벨 업!
마케팅&브랜딩 전략

🖥 무엇이든 물어보세요!

책을 읽다 궁금한 점이 생기면 길벗 홈페이지(gilbut.co.kr)에 회원으로 가입하고 고객센터의 1:1 문의 게시판에 질문을 남겨보세요. 지은이와 길벗 독자지원센터에서 신속하고 친절하게 답변해 드립니다.

> 길벗 홈페이지(gilbut.co.kr)
> 회원 가입 후 로그인하기

⋯▶

> [고객센터] – [1:1 문의]
> 게시판에서 '도서 이용'을
> 클릭하고 책 제목 검색하기

⋯▶

> '문의하기'를 클릭해 새로운
> 질문 등록하기

한눈에 확인하는 SNS Q&A 30

당장 궁금한 내용이 목차에서는 잘 보이지 않을 수 있습니다. 여기에서는 각 파트별 예상 질문들을 뽑아 해당 내용을 쉽게 찾아 빠르게 해소할 수 있도록 구성했습니다. 이 책을 본격적으로 읽어보기 전, 지금 제일 궁금한 내용을 목록에서 먼저 찾아보세요. 이 책의 내용을 모두 읽은 후에도 가끔씩 궁금한 내용이 생기면 Q&A 페이지를 펼쳐 적극 활용하시길 바랍니다.

PART **01**

SNS, 제대로
시작해볼까?

SNS가 경쟁력이 되는 시대

사람들은 SNS(Social Network Service, 소셜 네트워크 서비스)를 통해 서로 소통하고, 일을 하며, 또 나름의 방식으로 즐기고 있다. 스마트폰에 SNS 애플리케이션(Application, 이하 앱)이 하나도 설치되지 않은 사람을 찾기 힘들 정도로 말이다. 다만 대다수의 사람들은 SNS 콘텐츠를 생산하기보단 소비하는데 그치고 있다. 이제는 SNS가 경쟁력이 되는 시대가 되었다. 따라서 이 책을 선택한 당신, 더 이상 SNS를 소비만 하지 말고 콘텐츠를 직접 생산해 나만의 경쟁력을 키워보자!

01 SNS, 취미가 아니라 직업이다

나는 SNS 중독자다!

필자의 일과는 SNS로 시작해서 SNS로 끝난다. 잠에서 깨자마자 스마트폰을 켜 인스타그램에 접속해 밤사이 올라온 게시물을 살핀다. 또 유튜브 스튜디오 앱을 실행해 지난 밤 올린 영상의 조회 수와 댓글을 확인한다. 인스타그램부터 블로그, 유튜브, 페이스북까지 여러 채널을 운영하다 보니 확인해야 할 댓글의 양도 상당하기에 이 작업은 사무실로 출근하는 동안 계속된다.

업무 중에도 SNS를 틈틈이 살핀다. 특히 페이스북에서는 마케팅 관련 정보를 많이 얻는 편인데 괜찮은 피드를 보면 URL 주소를 복사해 필자가 운영 중인 카카오톡 오픈채팅방에 바로 공유한다.

TIP
필자는 주변 사람들에게 인사이트를 나눠주고 싶다는 계기로 정보를 공유하는 정보방과 대화를 나누는 교류방인 오픈채팅방을 2개 운영하고 있다. 이 중 정보방에서는 SNS 마케팅과 관련된 질문이나 의견을 나눌 수 있다.

또 점심시간에 방문한 맛집에서는 음식을 촬영하고 인스타그램 스토리에 사진을 공유한다. 늦게까지 일하는 날이면 하루 종일 일한 내 자신을 뿌듯해하며 #일스타그램 해시태그와 함께 셀카를 업로드하기도 한다. 퇴근 후에는 SNS에 올린 게시물의 좋아요 수를 확인하고 댓글에 답을 달면서 잠이 든다.

필자는 누가 봐도 SNS 중독자다. 누군가는 SNS가 인생의 낭비라고 하지만 SNS로 커리어도 쌓고, 인맥도 늘리며, 수익도 얻고 있다. 다시 말해, 하루 종일 중독되어 있어도 좋을 만큼 SNS는 강력한 나만의 무기인 것이다.

SNS로 돈 벌기, 월 1,000만원은 기본?

불과 몇 년 전까지만 해도 SNS로 돈을 버는 사람은 극히 일부에 불과했다. 하지만 기술이 발달하고, 산업이 점차 디지털화되면서 SNS로 기회를 얻어 막대한 부를 쌓는 사람들이 생겨나기 시작했다.

한동안 유튜브에서는 '월 1,000만 원'이라는 키워드가 핫했다. 직장인이라면 쉽게 꿈꿀 수 없는 금액이었지만, SNS 운영으로 인기를 얻은 사람들은 잘 만든 영상이나 콘텐츠 하나만으로 월 1,000만 원이 넘는 수익을 달성했다.

▲ 유튜브 검색창의 '월 천만 원' 자동 완성

TIP

산업혁명 이후 노동자들은 긍핑에서 일을 히며 돈을 벌었다면, 이제는 각자의 공간에서 디지털 기기 하나로 연결되어 돈을 버는 시대가 되었다. 이를 '디지털 혁명의 시대'라고 부른다.

도대체 무엇을 어떻게 했길래 월에 1,000만 원을 벌 수 있었던 것일까? 그 비밀은 바로 '영향력'에 있다. 나만의 콘텐츠와 채널, 그리고 팬을 만들 수만 있다면 자본이 없어도 온라인 건물주로 살아갈 수 있다. 디지털 혁명의 시대가 열린 것이다.

⓪② 간판보다 중요한 SNS

-----TIP-----
과거에는 접근성이 정말 중요했다. 사람들 눈에 자주 띄고, 찾아가기 쉬운 장소에 있어야 장사가 잘 될 확률이 높기 때문이다.

요즘 20대들은 약속 장소를 정할 때, 제일 먼저 인스타그램에서 인기 있는 곳을 검색한다. 우연이라도 들르기 힘들 정도로 유동인구가 적은 후미진 골목 안쪽에 카페가 위치해 있어도, 또 간판이 없더라도, SNS에서 유명세를 얻기만 하면 더 이상 접근성은 중요하지 않게 된다. 심지어 길게 늘어선 줄로 대기 시간까지 생길 정도다.

이러한 변화가 가능한 이유는 무엇일까?

이유를 찾으려면 사람들의 행동 패턴을 자세히 들여다 볼 필요가 있다. 요즘 사람들은 카페 입구에 서서 간판을 보고, 내부를 쓰윽 살펴보며 즉흥적으로 들어갈지 말지를 결정하지 않는다. 이미 인스타그램, 블로그 등을 통해 모든 검색을 마친 후 카페에 찾아간다. 즉 길을 걷다 우연히 발견한 카페에 들어가는 것이 아니라 미리 인터넷으로 정보를 검색해보고 갈지 말지를 결정하기 때문에 카페의 '간판'보다 'SNS상의 콘텐츠'가 카페 홍보의 중요한 역할을 담당하고 있다고 볼 수 있다. 따라서 작은 동네 카페를 운영하더라도 반드시 SNS를 해야만 한다.

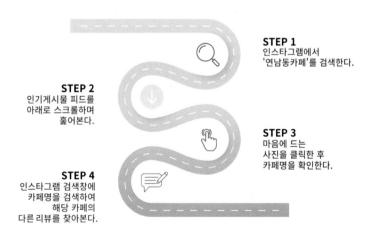

STEP 1
인스타그램에서
'연남동카페'를 검색한다.

STEP 2
인기게시물 피드를
아래로 스크롤하며
훑어본다.

STEP 3
마음에 드는
사진을 클릭한 후
카페명을 확인한다.

STEP 4
인스타그램 검색창에
카페명을 검색하여
해당 카페의
다른 리뷰를 찾아본다.

▲ 인스타그램에서 인기 카페를 검색하는 과정

달라진 브랜드 경험 여정

사람들이 특정 브랜드를 소비하는 과정을 '브랜드 경험 여정'이라고 부른다. 디지털이 일상화되면서 브랜드 경험 여정 지도가 아주 많이 바뀌었다. 오프라인 매장에 화장품을 사러 가더라도 핸드폰을 켜서 관련 제품 리뷰부터 검색한다. 매장 직원의 추천보다 온라인에서 검색해 찾은 리뷰가 구매에 더욱 강력한 영향을 주기 때문이다. 또, 홈쇼핑에서 사고 싶은 물건이 보이면 검색 포털 사이트에 제품명을 입력해 후기부터 찾아본다. 만약, 단 하나의 부정적인 리뷰라도 발견한다면 당장이라도 구매하고 싶었던 마음이 확 사라진다. 따라서 이미 소문난 유명 제품 브랜드라도 SNS 댓글과 리뷰 관리에 더욱 열정을 쏟을 수밖에 없는 것이다.

▲ 과거와 현재의 달라진 브랜드 경험 여정 지도

SNS 마케팅, 나도 할 수 있다!

SNS에는 각종 업체가 쉬지 않고 제품을 홍보하고 있다. 대형 매장이나 백화점에서는 볼 수 없었던 소상공인 제품의 내돈내산 리뷰도 종종 눈에 띄는데 이는 작은 기업과 개인도 SNS를 잘만 활용하면 유명 브랜드와의 경쟁에서 살아남을 수 있다는 것을 의미한다. 과연 어떻게 SNS 마케팅을 성공적으로 할 수 있을까?

01 TV 광고보다 SNS 입소문

어느 날 갑자기 화장품이 떨어져 급하게 사야하는 상황이 생겼다. 백화점까지 갈 여유가 없어 인근 화장품 매장에서 저렴한 제품을 임시로 구입하고, 이후에 기존에 쓰던 제품을 새로 사야겠다고 마음을 먹었다. 전혀 모르는 브랜드였고 화장품 용기가 화려하진 않았지만, 'SNS 화제의 제품', '온라인 핫 아이템'이라는 문구가 눈에 띄어 구매를 해 보았다. 그런데, 웬걸 '인생 화장품'이 되어 버렸다.

다시 그 제품을 살 때는 온라인에서 구매를 했다. 온라인 핫 아이템이라는 수식어에 걸맞게 인터넷 몰에서는 엄청난 인기를 얻고 있었고, 리뷰도 매우 많았다. 온라인 공식 몰에서는 유통마진 없이 고객에게 다이렉트로 판매할 수 있고, 오프라인 매장 수수료도 부담되지 않으니 좀 더 저렴하게 구입할 수 있었다. 이제 필자는 화장품이 떨어질 때마다 온라인 공식 몰에서 열심히 재구매를 하며 포인트까지 쌓고 있다.

SNS에서는 홍보비 0원

필자는 2020년, 문답집 '뭐해먹고살지?'라는 독립출판물을 만들었다. 오프라인 현장에서 5년 넘게 교육했던 내용을 워크북으로 만든 것으로 해당 강의를 더 이상 하지 않기로 마음먹으면서 기념으로 소장하기 위해 만든 책이었다. 혹시나 필요한 사람이 있을지도 모른다는 생각에 크라우드 펀딩을 진행했는데, 무려 437명이나 구매를 했다. 더 놀라운 사실은 펀딩이 끝난 후에도 구매 문의가 끊이지 않았다는 점이다.

고민 끝에 네이버 스마트스토어에서 책을 판매했고, 이후 한 달 동안 추가로 500여 권이 더 판매가 되었다. 총 800부를 인쇄했는데 급하게 1,000부를 추가로 인쇄했고 지금까지도 매일매일 꾸준히 판매가 되는 효자 상품이 되었다.

▲ 텀블벅에서 진행한 크라우드 펀딩

더 놀라운 점은 책을 판매하기 위한 광고 활동을 적극적으로 하고 있지 않음에도 계속 판매가 되고 있다는 사실이다. 필자가 다른 일을 하고 있는 시간에도 이전에 쌓아둔 온라인 콘텐츠가 열심히 일해주고 있기 때문이다.

이제는 작은 기업이나 개인도 온라인을 잘 활용하면 누구나 돈을 벌 수 있고, 브랜드를 만들어 사업을 키울 수도 있다. 4대 매체인 TV, 라디오, 신문, 잡지를 통해 큰돈을 주고 광고를 해야만 했던 과거와 달리, 온라인은 0원에서 시작할 수 있기 때문이다. 따라서 이제라도 여러분은 SNS를 제대로 시작해야만 한다.

⑫ SNS 덕분에 쌓은 커리어

필자가 대학교 휴학 중일 때였다. '해외 연수 경험도, 공모전 수상 경력도 없는 내가 취업 시장에서 경쟁력이 있을까?'라는 의문이 들었다. 그 당시 블로그로 인기를 끈 파워블로거들이 활발하게 활동 중이었는데, 필자 또한 블로그를 통해 무언가를 이룰 수 있을지 모른다는 막연한 희망을 갖게 되었다.

그렇게 2011년 11월, 필자는 네이버 블로그를 시작했다. 처음에는 어떤 콘텐츠를 올려야 할지 몰라 다른 블로거들처럼 요리 과정을 올리거나 여행 후기를 쓰기도 했다. 그러다 정착한 주제가 바로 '꿈'과 '책'이었다. 내가 무엇을 하게 될지는 모르겠지만 내 꿈을 찾아가는 과정 그리고 그 과정에서 읽은 책 소개를 올려보자고 생각했다. 하루에 책을 1권씩 읽는 것을 목표로 매일 책을 끼고 살았기 때문에 1일 1포스팅은 어려운 일이 아니었다.

복학 후 수강한 마케팅 수업에서 교수님은 이제 곧 온라인 시대가 다가올 것이라고 언급하셨는데 기업의 마케팅 수단으로 온라인 채널을 적극 활용하던 시기가 아니었기 때문에 수업을 듣는 학생들은 매우 생소해했다. 하지만 필자는 네이버 블로그뿐만 아니라 페이스북도 열심히 하고 있었고, 팟캐스트도 즐겨 들었기에 강의 시간마다 교수님과 관련 이야기를 흥미롭게 주고받을 수 있었다. 그때 어렴풋이 느꼈던 것 같다. SNS를 하는 것만으로도 경쟁력이 되는 시대가 머지 않았다는 사실을….

SNS, 사소하지만 큰 움직임

앞서 말했듯, 필자는 블로그, 페이스북, 인스타그램 등 다양한 SNS를 운영하고 있는데 대학 시절에도 각 SNS마다 특성에 따라 용도를 다르게 활용했다.

페이스북은 주로 관심 분야의 사람들을 찾아서 팔로우하는 용도로 사용했다. 미래에 대한 고민, 취업에 대한 걱정이 많았기에 찾은 대안이었다. 대기업 입사 스펙에는 못 미친다고 생각해 자연스럽게 스타트업 쪽으로 눈을 돌렸고,

IT 산업이 유망할 것이라는 판단에 따라 IT 스타트업 중 조금이라도 눈에 띄는 회사가 있으면 대표님을 페이스북에서 찾아 친구 신청을 했다. 어느새 필자의 페이스북 친구는 IT 스타트업 대표님과 마케터들로 가득 차게 되었다. 블로그에는 필자의 활동을 일기처럼 가볍게 기록했다. 학교 수업에서 느낀 점을 요약해 포스팅하기도 했다. 당시 활동하던 독서 모임과 운영하던 네이버 카페에 관련된 내용도 정리해 올렸는데 신기하게도 블로그와 페이스북을 통해 나를 만나보고 싶다는 연락이 오기 시작했다. 그렇게 기회의 문이 열리기 시작했다.

SNS 마케팅, 누구에게나 열려 있다!

남과는 조금 다른 시도를 해 보려고 시작했던 SNS 활동이 필자의 진로를 바꿔버렸다. 취업을 하지 않고 프리랜서 마케터로 일을 시작하게 된 것이다. 프리랜서 마케터로 활동하면서 쌓은 경험을 바탕으로 퍼스널 브랜딩 교육 프로그램을 만들어 운영했다. 8주에 20만 원짜리 교육 프로그램이었는데 총 11명이 모집되었다. 주 1회, 3시간 수업만 해도 월 110만원의 수입이 생겼고, 더불어 1인 지식기업가라는 커리어도 얻게 되었다.

2011년 11월 블로그를 시작한 이후, 필자는 지금까지 단 한 번도 정규직으로 취업을 한 적이 없다. 프리랜서 마케터로 다양한 회사의 마케팅과 브랜딩을 담당하고, 직접 만든 교육 프로그램을 운영하며 수익을 얻고 있다. 또 기업과 기관으로부터 들어오는 강의 요청으로 강사의 삶도 살기 시작했으며 이제는 꽤 규모 있는 브랜드 컨설팅 프로젝트도 맡아서 진행하고 있다. 이 모든 것이 가능했던 것은 다 SNS 덕분이다.

SNS에도 흐름이 있기 때문에 과거에는 블로그와 페이스북을 통해 기회가 생겼다면, 요즘에는 유튜브와 인스타그램, 브런치를 통해서도 다양한 기회들을 접하고 있다. 과거의 10년처럼 새로운 SNS는 또 생겨날 것이고 유행은 또 바뀔 것이다. 그때마다 새로운 채널을 익히는 것이 수고스럽게 느껴질 수도 있지만 막상 해 보면 별것 아니다. 한 회사에 오래 일하면서 일잘러로 인정받은 사람이라면 같은 산업의 다른 회사로 이직해도 큰 어려움 없이 성과를 내지 않는가. 그 맥락과 비슷하다고 생각한다.

나를 빛나게 해 줄 SNS

필자는 대학원 진학을 고민하다가도 '차라리 인스타그램 팔로워를 늘리자!'라고 생각했고, 자격증을 딸까 고민하다가도 '유튜브나 열심히 하자!'라고 생각했다. 그리고 지금은 그 선택에 전혀 후회가 없다. 석, 박사 타이틀과 자격증보다 내 채널과 콘텐츠가 전문성과 진가를 더욱 빛나게 해주었기 때문이다.

여러분도 커리어때문에 고민이라면, 자격증이나 대학원이 아니라 오히려 'SNS를 시작해 보는 것은 어떨까?'라고 진지하게 권하고 싶다.

▲ 필자가 운영 중인 블로그와 유튜브 채널

SNS 트렌드 살펴보기

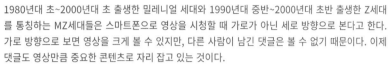

1980년대 초~2000년대 초 출생한 밀레니얼 세대와 1990년대 중반~2000년대 초반 출생한 Z세대를 통칭하는 MZ세대들은 스마트폰으로 영상을 시청할 때 가로가 아닌 세로 방향으로 본다고 한다. 가로 방향으로 보면 영상을 크게 볼 수 있지만, 다른 사람이 남긴 댓글은 볼 수 없기 때문이다. 이제 댓글도 영상만큼 중요한 콘텐츠로 자리 잡고 있는 것이다.

이처럼 기술의 변화가 빠른 만큼 트렌드도 빠르게 변화하고 있으며, 트렌드를 소비하는 사람들의 행동 패턴도 달라지고 있다. 최근의 SNS 플랫폼과 콘텐츠의 변화에서 주목해야 할 몇 가지를 살펴보자.

01 모바일

SNS 콘텐츠는 모바일 화면에 맞게!

PC보다 스마트폰이 더 편한 시대가 왔다. 영상을 시청할 때도, 쇼핑을 할 때도, 게임을 할 때도 PC보다 스마트폰을 더 많이 사용한다. PC 화면을 보는 시간보다 스마트폰을 손에 쥐고 무언가를 하는 시간이 점차 늘었지만, 온라인상에 콘텐츠를 업로드할 때는 여전히 PC를 사용하는 경우가 많다. 필자 또한 블로그에 긴 글을 올릴 때는 PC를 사용하곤 한다. 이때, 내 글을 읽는 대부분의 사람들이 PC가 아닌 스마트폰으로 본다는 사실을 꼭 인지해야 한다.

즉, 내가 보는 PC 화면을 기준으로 콘텐츠를 만드는 게 아니라 모바일 화면에서 콘텐츠가 어떻게 보여질지 충분히 생각하고 작업해야 한다. 큰 모니터에서는 문제없이 잘 보였던 글자가 SNS 앱에서는 너무 작아 가독성이 떨어질 수 있고, 글자 간격이 너무 촘촘해 답답해 보일 수도 있기 때문이다. 따라서 PC에서 콘텐츠를 업로드 하더라도 모바일 화면에서는 어떻게 보이는지 스마트폰에서 확인하는 습관을 꼭 들여야 한다.

TIP

스마트폰으로 셀카를 촬영해 블로그에 올린 후 PC로 확인해 보면 깜짝 놀랄 수 있다. 내 얼굴이 모니터 화면을 꽉 채우고 있을 테니 말이다.

▲ PC 모니터와 스마트폰 화면에서 보여지는 콘텐츠의 차이

02 숏폼(Short-Form) 영상

유튜브를 잇는 차세대 SNS는?

누군가는 우리가 유튜브의 시대에 살고 있다고 말하지만 필자는 '영상의 시대'에 살고 있다고 정정해 주고 싶다. 유행하는 SNS 플랫폼이 달라진다고 해도 영상을 즐기는 트렌드는 한동안 유지될 것이기 때문이다.

3년 전, 필자가 유튜브를 시작했을 때 "유튜브 다음에는 어떤 영상 플랫폼이 뜰까요?"라는 질문을 참 많이 받았다. 당시 수많은 전문가들은 차세대 플랫폼으로 '틱톡'을 지목했다. 그리고 2022년 현재, 틱톡은 엄청난 영향력을 가진 SNS가 되었고, 영상 트렌드마저 바꿔놓았다.

▲ 틱톡 로고와 틱톡 앱 다운로드 랭킹(출처: 앱토피아)

TIP

숏폼(Short-Form)이란?
글자 그대로 짧은 길이의 영상을 말한다. 언제 어디서나 모바일 기기 등을 이용해 원하는 콘텐츠를 즐기는 대중들의 소비 형태를 반영한 것으로, 15초~1분 이내의 짧은 영상이 특징이다.

그럼 틱톡의 시대라고 불러야 할까? 필자는 '숏폼(Short-Form)' 영상의 시대가 도래 했다고 말하고 싶다. 또 다른 SNS 플랫폼이 등장한다 해도 짧은 길이의 영상을 즐기는 트렌드는 계속될 것으로 보이기 때문이다.

숏폼 영상이 유행한 데는 스낵 컬처의 영향이 크다. '스낵 컬처'란 과자를 먹듯 짧고 간편하게 즐기는 라이프 스타일로, 이동 중이나 일과 중 틈날 때마다 스마트폰으로 다양한 콘텐츠를 소비하면서 생겨난 현상이다. 요즘 MZ 세대는 드라마나 예능 프로그램을 처음부터 끝까지 보지 않고 하이라이트로 짧게 편집된 영상을 먼저 접한 후 흥미가 생기면 전편을 찾아서 보는데, 이 또한 스낵 컬처라고 할 수 있다.

영상 콘텐츠, 15초면 충분해!

짧은 영상을 소비하는 것에 익숙한 요즘 세대에게 1분 미만의 영상으로 이뤄진 틱톡은 꽤 매력적일 수밖에 없다. 틱톡이 전 세계적으로 선풍적인 인기를 끌자 인스타그램은 릴스(Reels)로, 유튜브는 쇼츠(#Shorts)로 숏폼 영상을 지원하기 시작했다.

틱톡, 릴스, 쇼츠는 모두 세로 화면이라는 공통점이 있는데 시청자가 콘텐츠에 즉각 반응할 수 있도록 저장, 공유, 댓글 버튼을 영상과 한 화면에 배치하여 이동 중에도 한 손으로 터치할 수 있도록 설계되었다.

앞으로 숏폼 영상의 수요는 더 늘어날 것으로 전망한다. 따라서 긴 영상을 만들 때는 하이라이트만 편집한 짧은 영상도 함께 만드는 것을 추천한다. 동시에 틱톡, 인스타그램, 유튜브 중 어떤 SNS 플랫폼이 내 콘텐츠와 가장 적합할지 전략적으로 고민해 보아야 한다. 물론 세 가지 플랫폼을 다 같이 활용하는 것도 좋은 방안이다.

▲ 틱톡, 릴스, 쇼츠의 세로 숏폼 영상

㉔ 라이브 영상

┌─── TIP ───
MBC에서 방영했던 '마이리틀텔레비전'을 시청자와 소통하는 예능 프로그램의 예로 볼 수 있다. 또 코로나로 인해 프로그램 방청 참석이 어려워지자 시청자가 온라인으로 참여하여 진행자와 의견을 교류하는 프로그램도 점차 늘고 있다.

요즘 TV 예능프로그램 중에는 아예 시청자와 소통하는 라이브 방송을 재편집하여 방송하는 경우가 종종 있다. 방송사의 PD가 모든 것을 기획하고 촬영한 후 편집하여 내보내던 과거와 달리 실시간 방송을 통해 시청자와 소통한 장면을 가공하여 방송에 내보내는 것이다.

시청자들과 쌍방향으로 소통하다 보면 생각지도 못한 재미있는 장면들이 탄생하기도 하고, 시청자들의 의견을 토대로 방송의 기획이 발전하기도 한다. 시청자들은 자신이 좋아하는 연예인과 직접 소통하는 즐거움을 느낄 수 있고, 프로그램을 시청만 하는 수동적인 입장이 아닌 함께 만들어가는 느낌도 받을 수 있다. 이처럼 실시간으로 소통하는 '라이브 영상'은 이제 중요한 커뮤니케이션 방법이 되었다.

팬미팅부터 쇼핑까지, 라이브로!

요즘 아이돌은 V LIVE앱을 통해 팬들과 소통한다. 이제는 화면 너머 좋아하는 가수의 무대만 보는 것이 아니라 그들과 대화를 나눌 수 있는 시대가 된 것이다. 연예인들이 V LIVE를 통해 전 세계 팬들과 소통한다면 일반 크리에이터는 아프리카TV나 유튜브, 인스타그램, 페이스북을 활용하여 실시간 방송을 진행할 수 있다.

뿐만 아니라 라이브 방송은 커머스 시장에도 큰 변화를 이끌었다. TV 홈쇼핑이 모바일 화면 속으로 옮겨진 것인데 네이버와 카카오, 배달의민족 등 주요 플랫폼들은 라이브 커머스 시스템을 재빠르게 구축했다. 이제 소비자들은 글과 사진으로 정돈된 상세 페이지를 보고 제품을 구매하기보다 라이브 쇼핑을 통해 판매자에게 궁금한 점을 직접 묻고, 혜택을 실시간으로 확인해가며 소비를 한다. 라이브 커머스 시장에 뛰어들지 않은 온라인 쇼핑몰이 없을 정도로 이 시장은 계속해서 성장해 나갈 것으로 보인다.

▲ 라이브 커머스의 다양한 예(출처: 블랙스완라이브, 착한리필)

온라인 마켓의 새 바람, SNS

STEP 04

더 이상 SNS는 소통만을 위한 플랫폼이 아니다. 누구나 SNS를 활용해 제품을 판매할 수 있고, 구매도 할 수 있다. 대기업 제품, 유명 브랜드 제품을 선호하던 예전과 달리 남들이 써보지 않는 새로운 것, 차별화된 것을 찾는 MZ 세대의 특성과 내가 팔로우하는 인플루언서에 대한 동경과 신뢰가 기반이 되어 SNS 마켓이 점차 활성화되고 있는 것이다.

01 공동구매

일정 기간 동안 특정 제품을 할인된 가격으로 판매하는 방식으로, 단기간에 많은 매출을 내기 위해 기업(판매자)은 인지도가 높고 자사 제품의 이미지와 어울리는 인플루언서를 물색해 저렴한 가격으로 제품을 공급한다.

> **TIP**
> **인플루언서 (Influencer)란?**
> SNS에서 수만 명에서 수십만 명에 달하는 많은 팔로워(구독자)를 보유하여 대중에게 영향력이 큰 사람을 말한다.

인플루언서는 SNS에서 쌓아둔 영향력을 바탕으로 큰 어려움 없이 제품을 판매할 수 있으며 유통에 대한 대가로 수수료를 수익으로 얻는다. 소비자는 본인이 팔로우하는 인플루언서의 추천이기 때문에 신뢰를 가지고 제품을 구매한다. 또, 공동구매 기간에는 제품 가격이 저렴해지기 때문에 상대적으로 합리적인 가격에 살 수 있다. 한 번 구매 후 만족을 느끼면 인플루언서가 추천하는 또 다른 제품도 기꺼이 구매해도 괜찮겠다는 믿음을 갖게 된다.

▲ 인스타그램에서 #공동구매를 검색하면 86만 개 이상의 게시물이 나온다.

> #공동구매
>
> 게시물 **86.1만**개
>
> **팔로우**
>
> 매주 인기 게시물을 확인해보세요

인플루언서의 공동구매가 흥하는 이유는 뭘까? 기업의 제품 홍보는 판매 목적이 짙은 상업적 광고처럼 보이지만, 팔로우하는 인플루언서가 제품을 소개하면 친한 친구가 추천하는 제품처럼 느껴져 거부감이 들지 않고, 그 제품을 사용하면 마치 인플루언서처럼 될 수 있다는 기대감을 갖게 하기 때문이다. 따라서 인플루언서는 SNS를 통해 쌓아온 신뢰와 진정성 있는 소통을 바탕으로 고객에게 그들이 추천하는 제품을 구매할 수 있도록 유도한다.

▲ 건강, 이너뷰티 다이어트 상품의 공동구매 예시(출처: 당신의봄날 인스타그램/블로그)

02 자체 브랜드 런칭

기업의 제품을 판매하는 것으로 SNS 마켓을 시작했던 인플루언서들 중에서 자신만의 독립 브랜드를 런칭하는 사례가 늘고 있다. 제품을 소개하고 구매를 유도하는 것에 그치는 것이 아니라 제조 과정까지 손을 뻗고 있는 것이다.

인플루언서는 이미 자신의 콘텐츠를 바탕으로 해당 분야에 대한 전문성을 팔로워로부터 인정받았기에 자체 상품을 만들자마자 매진되는 경우가 흔하다. 특히 인플루언서는 팔로워와 소통하며 제품을 만들기 때문에 소비자는 본인의 의견이 적극 반영된 제품이라는 신뢰를 갖게 된다.

예를 들어, 바지 하나를 제작할 때도 '무슨 색이 좋을까요?'라고 질문하며 샘플이 나오면 사진을 올려 투표를 진행한 후 팔로워의 선택에 따라 생산에 들어간다. 즉, 완제품을 파는 게 아니라 구매할 사람을 모아놓고 그들이 원하는 제품을 만들기 때문에 소비자 만족도는 높을 수밖에 없다.

▲ 팔로워와 소통하며 영상 강의를 제작한 예시

앞으로도 인플루언서의 자체 브랜드 런칭은 계속될 것으로 보인다. 따라서 브랜드 런칭을 고민 중인 사람이라면 반드시 충성도 높은 SNS 팔로워를 늘리는 것부터 선행하는 것을 고려할 필요가 있다.

STEP 05 SNS 콘텐츠 기획하기

SNS에 가입해 계정을 만들었다면 어떤 콘텐츠를 올려야 할지 고민이 된다. 팔로워 수를 늘리고 수익도 얻을 수 있는 콘텐츠는 과연 무엇일까? SNS에 콘텐츠를 올리기 전 알아두면 좋은 기획 방향 설정과 주의할 점에 대해 알아보자.

01 주제 정하기

SNS를 제대로 해 봐야겠다고 마음을 먹었다면, 본격적으로 어떤 주제를 다룰지 결정해야 한다. 필자가 추천하는 방법은 일단 내가 쓸 수 있는 콘텐츠의 주제는 모조리 다 적어보는 것이다. 그래도 무엇을 적어야 할지 모르겠다면, 아래의 내용을 참고해보자.

흥미와 재미

CONTENTS

잘 아는 것

지속가능성

▲ SNS 콘텐츠 주제를 찾기 위한 벤다이어그램

1단계 **흥미와 재미**

가장 쉽게 접근할 수 있는 기획의 주제는 '내가 좋아하는 것'이다. 내가 좋아하는 것, 그리고 관심이 많은 것에 대해서는 누구나 신나게 이야기 할 수 있다. 따라서 내 관심사를 쭉 나열해 보자. 내 취미는 무엇인지, 친구들과 만나서 나누는 대화의 주제는 무엇인지, 내 서재에는 어떤 책이 꽂혀있는지 살펴보자. 이 단계에서는 '이게 콘텐츠 소재로 좋을지, 안 좋을지' 판단하지 말자!

2단계 **잘 아는 것**

좋아한다고 해서 다 알지는 못한다. 필자는 음악을 즐겨 듣지만, 음악에 대해 이야기 해 보라고 하면 어디서부터 어떻게 시작해야 할지 당황스럽다. 반면 책을 좋아하는 만큼 책 이야기에는 자신 있다.

이제 1단계에서 작성한 콘텐츠 중 내가 잘 아는 것만 추려내 보자. 이 단계에서 주의할 점은 잘 아는 것이 꼭 뛰어난 실력을 갖춰야 한다는 것은 아니라는 점이다. 실력이 기준이 아니라 내가 잘 알거나 혹은 계속 알아가고 싶은 주제를 기준으로 삼아야 한다는 말이다. 따라서 콘텐츠의 깊이에 너무 부담갖지 말고 내가 즐겁게 이야기 할 수 있는 주제를 찾아보자.

3단계 **지속가능성**

마지막으로 주제를 정할 때 고려해야 할 것은 '지속가능성'이다. SNS는 단거리 경주가 아니라 장거리 마라톤 달리기다. 아무리 흥미 있고 잘 아는 주제라도 꾸준히 만들 수 있는 이야기가 아니라면 다시 한 번 생각해 보자.

잠깐만요 ::: **콘텐츠의 지속가능성 예측해 보기**

SNS 플랫폼 중 콘텐츠 주기가 가장 긴 채널은 유튜브다. 인스타그램과 블로그는 하루에 1~2개씩 업로드가 가능한 반면, 유튜브는 한 주에 콘텐츠를 2개 올리는 것도 쉽지 않기 때문이다. 따라서 여기서는 유튜브를 기준으로 콘텐츠 지속가능성에 대해 설명한다.

❶ 기획한 주제로 만들 수 있는 콘텐츠의 개수가 최소 100개 이상 되는가?

콘텐츠를 한 주에 2개씩 꾸준히 업로드 한다고 가정했을 때, 일 년 동안 만들어야 하는 콘텐츠의 개수는 대략 100개 정도가 된다. 최소 1년은 투자해야 성공 가능성도 생기므로, 연 100개의 콘텐츠를 만들 수 있는지 먼저 생각해보자. 리뷰, 인터뷰, 큐레이션 등의 기획 콘셉트도 함께 고려하는 것이 좋다.

❷ 콘텐츠의 제작 난이도는 적정한가?

잘 알고 자신 있는 기획이라도 콘텐츠 제작에 투자할 수 있는 자본과 시간에 따라 퀄리티는 달라진다. 예를 들어, IT 신제품 리뷰를 콘텐츠로 제작한다고 할 때 기기 구매에 드는 비용 지출과 협업이 있다면 퇴근 후 혹은 주말을 활용한 시간 배분이 필요하다. 사람마다 혹은 처한 상황에 따라 하나의 콘텐츠를 기획하고 제작하기 위한 난이도가 달라지기 때문에 콘텐츠를 기획할 때 내 여건에 부합하는지 꼭 고려해봐야 한다.

⑩ 시장성 확인하기

스스로 자신 있다고 생각한 콘텐츠가 시장성까지 있다면 더할 나위 없이 좋겠지만, 안타깝게도 두 가지 모두를 충족하는 경우는 흔치 않다.

혁신적인 기술과 창의성으로 대단한 제품을 만들어도 사람들이 찾지 않으면 결국 그 사업은 망하고 만다. 뛰어난 제품이 아니라 팔리는 제품을 만들어야만 시장에서 살아남을 수 있기 때문이다.

콘텐츠도 마찬가지다. 아무리 뛰어난 글솜씨와 지식을 가지고 있어도 사람들이 관심 없는 주제를 다룬다면 콘텐츠로 기회를 만들기는 쉽지 않다. 그러므로 시장의 수요를 꼭 확인할 필요가 있다.

---TIP---

간혹 '이 대단한 주제를 아무도 다루지 않았다니, 내가 만들기만 하면 대박이 날거야!' 라고 의욕에 불타오르는 경우가 있는데 시장에 없는 것은 사람들이 필요로 하지 않을 가능성이 크다.

세상에 없는 것을 만들려고 하지 마라

네이버, 유튜브, 인스타그램에 내가 기획하려는 콘텐츠가 얼마나 올라와 있는지 살펴보자. 시장성이 있는 콘텐츠라면 이미 관련된 콘텐츠를 만들고 있는 사람들이 많을 것이고, 반대로 콘텐츠 개수가 적다면 그만큼 수요가 적을 확률이 높다.

따라서 무조건 남들이 하지 않았던 새로운 것을 만들어야겠다는 생각보다 이미 다뤄진 콘텐츠라도 나만의 관점을 더해서 차별화하는 방법을 고민해 보는 것이 좋다.

트렌디한 주제는 속도가 생명이다

트렌디한 주제라면 먼저 만드는 사람이 임자다. 애플의 신제품이 나오면 IT 콘텐츠 제작자들은 밤을 새워서라도 관련 콘텐츠를 빠르게 업로드하려 애쓴다. 누구보다 먼저 영상 혹은 포스팅을 올려야 남들보다 조회 수를 더 많이 확보할 수 있기 때문이다. 나의 관심 분야에 새로운 것이 등장했고, 또 정말 괜찮은 주제라면 남들보다 먼저 선점하는 것이 좋다. 즉, 최초가 되어야 한다.

실례로, 필자는 코로나 이전부터 Zoom(줌)이라는 화상 회의 프로그램으로 영상 강의를 진행하면서 사용법까지 정리해 두었다. 남들보다 먼저 접해보고 사용해 봤기 때문에 누구보다 빠르게 온라인 강의에 대응할 수 있었던 것은 물론 다른 사람들이 이제 막 매뉴얼을 익히고 있을 때 활용 후기와 노하우까지 SNS에 포스팅하여 높은 조회 수와 좋은 반응을 이끌어 낼 수 있었다.

┌─── TIP ───┐
Zoom(줌)이란?
스마트폰, PC 등에 설치해 사용할 수 있는 화상 회의 프로그램 중 하나로, 코로나로 인해 비대면 회의나 수업이 늘어나면서 사용자가 점차 증가하고 있다.

▲ Zoom(줌) 사용법 영상 썸네일

대중적인 콘텐츠만 쫓지 마라

'제가 다루려는 콘텐츠는 수요가 아주 없는 건 아닌데, 인기 있는 분야는 아니에요.'라고 고민하는 사람들이 있다. 수요가 적다고 세상에 필요하지 않은 콘텐츠는 없다. 비록 비인기 종목의 스포츠라도 분명 그 종목을 업으로 삼는 사람과 팬으로 좋아하는 사람이 있는 것처럼 대중적이진 않더라도 누군가에게 꼭 필요한 콘텐츠라면 충분히 가치가 있기 때문이다.

TIP

도전하려는 분야가 대중적이지 않다면 퍼스널 브랜딩을 목표로 콘텐츠를 만드는 것이 필요하다. 자세한 내용은 52쪽에서 다룬다.

콘텐츠 시장 전체에서 뷰티나 패션, 음식, 게임 콘텐츠는 대중적인 분야에 속한다. 상대적으로 지식과 교육 콘텐츠 시장의 규모는 작은 편이다. 만약 내가 다루고자 하는 분야가 대중적이지 않다면 수익에 대한 기대는 줄어들 수 있지만, 인기 분야에 비해 경쟁은 덜 치열할 수 있다.

따라서 분야가 좁더라도 나만의 독보적인 콘텐츠로 영향력을 키운다면 다양한 수익 모델로 발전시켜 볼 수도 있다.

03 시장성 벤치마킹하기

본격적으로 콘텐츠를 만들기 전, 잘 만든 콘텐츠를 살펴보는 것은 매우 중요하다. 성공 사례를 찾아보면서 시행착오를 줄일 수 있는 방법을 모색할 수 있기 때문이다.

먼저 내 콘텐츠의 유사한 주제를 다루고 있는 채널부터 검색해보자. 가장 많은 팔로워 수를 보유한 채널, 팔로워 수는 적더라도 내 콘텐츠와 비슷한 점이 많은 채널과 같이 두 가지 유형으로 살펴보는 것을 추천한다. 이렇게 하면 사람들에게 인기 있는 콘텐츠와 내가 시도해볼 만한 콘텐츠의 균형점을 찾을 수 있기 때문이다.

벤치마킹 할 채널을 몇 개 선택했다면, 본격적으로 분석해 보자.

댓글 내용을 꼼꼼히 살펴보자

업로드 된 콘텐츠의 댓글을 보면 해당 주제에 대한 사람들의 의견을 파악할 수 있다. 같은 주제를 다루더라도 보는 사람마다 느낌과 생각이 다를 수 있다. 긍정적인 댓글은 어떤 부분 때문에 긍정적인지, 부정적인 댓글은 어떤 내용 때문에 부정적인지 그 이유까지 살펴보고 생각해 보는 것이 필요하다.

사람들이 좋아하는 부분은 그대로 적용하고, 아쉬워 하는 부분은 보완해서 적용한다면 더 나은 콘텐츠를 제작하는 데 큰 도움이 된다.

타깃이 누구인지 살펴보자

콘텐츠를 만들 때 내 타깃이 누구인지 알고 만들면 훨씬 더 구체적이고 뾰족한 콘텐츠를 만들 수 있다. 누가 내 콘텐츠를 볼지 알 수 있는 가장 좋은 방법은 경쟁 채널의 팔로워를 분석해 보는 것이다.

SNS마다 특별한 분석 프로그램을 제공하는 것은 아니기에 해당 채널을 구독한 팔로워나 댓글을 남긴 사람들의 아이디를 하나씩 클릭해 보면서 촘촘히 살펴보아야 한다. 이 과정이 번거롭더라도 생각도 못했던 타깃을 발견하거나 아이디어가 떠오를 수도 있기 때문에 꼭 한 번 해보길 추천한다.

🔊 잠깐만요 ⋯ SNS별 인기 콘텐츠 분석하기

SNS 플랫폼마다 인기 있는 콘텐츠를 찾는 방법이 조금씩 다르기 때문에 눈여겨볼 포인트를 몇 가지 알고 있으면 좋다.

❶ **유튜브나 인스타그램**의 경우 업로드된 영상의 조회 수를 확인해 보자. 또 조회 수가 높은 콘텐츠라면 어떤 소재와 키워드를 사용했는지 제목을 꼭 살펴보자.

❷ **블로그, 인스타그램, 페이스북**은 좋아요 수가 중요하다. 좋아요를 많이 받은 게시물에서 어떤 주제를 다뤘는지, 전개 방식은 어떤지 기록해 두는 것이 좋다.

❸ **모든 SNS**는 댓글이 중요하다. 댓글을 꼼꼼히 살펴보자. 특히 **인스타그램과 페이스북**의 경우 팔로워와의 상호작용이 굉장히 중요한 플랫폼이다. 따라서 댓글이 많다는 것은 팔로워와의 활발한 소통을 의미하기 때문에 반드시 살펴볼 필요가 있다.

STEP 06 나에게 꼭 맞는 SNS 선택하기

취미로, 혹은 친구들과 소통하려면 큰 고민 없이 편하고 익숙한 SNS를 선택하면 되겠지만 그 이상의 무언가를 필요로 한다면 이야기가 달라진다. 같은 시간과 노력을 들이더라도 더 많은 사람을 만날 수 있는 채널이면서 동시에 내가 즐겁고 편하게 콘텐츠를 만들 수 있는 곳이어야만 한다. 그러면 나에게 적합한 SNS 채널은 어떻게 선택해야 할까?

01 몇 개의 채널을 운영해야 할까?

수많은 SNS가 있는데, 이 채널을 다 운영해야 할지 고민인 사람들이 많다. 글, 사진, 영상 등 각각의 포맷도 다르고 SNS 채널별 알고리즘도 다르기 때문에 이 모든 것을 다 잘 해내기란 쉽지 않다.

만약 다 잘 해낼 수 있는 역량을 가진 사람이라도 이 모든 채널을 다 직접 운영하고 활성화를 시키기에는 물리적으로 시간이 부족하다. 콘텐츠 하나를 만드는 데에는 많은 노력과 정성, 시간이 필요하기 때문이다.

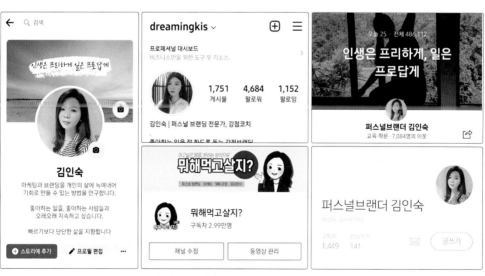

▲ 필자가 운영하는 다양한 SNS 채널들

필자는 2011년 블로그를 시작으로 페이스북, 인스타그램, 브런치, 유튜브, 카카오톡 오픈채팅방과 홈페이지까지. 다양한 채널과 플랫폼을 모두 사용하고 있다. 하지만 이 모든 채널에 에너지를 100% 쏟아붓지는 못한다. 현재 주력 채널은 유튜브와 인스타그램이며 틈틈이 블로그와 브런치에 글을 쓰고 있다.

하나씩 차근차근 확장해보자

──── TIP ────
필자가 브런치를 운영하는 방식처럼 꾸준한 업로드가 중요하지 않은 플랫폼의 경우, 필요한 경우에만 운영하는 것도 좋은 방법이다.

이 모든 채널을 운영할 수 있는 이유는 채널을 순차적으로 늘렸기 때문이다. 네이버 블로그에 익숙해질 때 즈음 페이스북을 열심히 했고, 인스타그램은 시간이 날 때마다 조금씩 하다 보니 어느새 편하게 기록할 수 있는 수준이 되었다. 브런치는 블로그에 적어둔 글 중 완성도가 높은 글만 옮기거나 특정 주제에 대한 글을 몰입해서 쓴 뒤 한꺼번에 올리기도 했다. 유튜브는 평균적으로 주 1회 영상을 올렸는데 초기 1년은 혼자 촬영, 편집을 다 했다면 지금은 편집자의 도움을 받아 운영하고 있다.

아마 이 모든 것을 0에서 시작한다면 지금처럼 노련하게 운영할 수 없을 것이다. 콘텐츠를 만들고 채널 운영 노하우가 생길때까지는 시간이 필요하다. 그러므로 모든 채널을 동시에 시작하려고 하기보다 가장 자신 있는 채널 한두 개만 먼저 집중적으로 키운 뒤 확장하는 것을 추천한다.

팔로워에서 구독자로, 구독자에서 이웃으로

채널을 차근차근 확장하면 초기 팔로워나 구독자를 모으기 유리하다는 이점이 있다. 인스타그램 팔로워가 유튜브 구독자가 되고, 유튜브 구독자가 블로그 이웃이 될 수도 있기 때문이다.

필자의 경우, 유튜브를 시작했을 때 기존 블로그, 페이스북, 인스타그램의 팔로워들이 바로 구독을 해 주어서 손쉽게 구독자 100명을 모으고 시작할 수 있었다. 유튜브 구독자가 늘어나면서 자연스럽게 인스타그램과 블로그의 이웃도 늘어났다. 유튜브를 보고 내가 운영하는 블로그와 인스타그램까지 같이 팔로우하는 분들이 생겨났기 때문이다. 이처럼 동시에 SNS를 키우는 것보다 한두 개 채널을 키운 뒤 차츰 확장하면 오히려 편하게 채널을 키울 수 있다.

(02) '꼭' 맞는 채널이 중요한 이유

그렇다면 어떤 채널을 먼저 개설해야할까? 나에게 가장 적합한 채널부터 골라야 한다. 아래의 몇 가지 사례들을 살펴보며, SNS를 본격적으로 시작하기에 앞서 적절한 채널을 선정하는 것이 왜 중요한지 생각해 보자.

무작정 유행을 따라가는 것은 절대 금물!

유튜브가 대세라고 해서 모두에게 적합한 것은 아니다. 누군가에게는 네이버 블로그가, 혹은 카카오 브런치가 더 적합한 채널일 수 있다. 한때 인스타그램이 붐이었을 때 많은 기업들이 무작정 인스타그램에 뛰어들었지만, 인스타그램에 적합한 콘텐츠를 만들지 못해 성과를 내지 못한 경우가 많았다. 오히려 페이스북이나 블로그가 더 적합했을지도 모른다.

내 콘텐츠 특성에 맞는 채널은 무엇인가?

페이스북이 인기를 끌었던 2013년, 당시 마케팅을 맡았던 트레이너의 운동 영상을 촬영하여 유튜브에서 적극적으로 홍보했다. 홈짐(Home Gym) 영상이 흔치 않았던 시절이라 채널이 빠르게 성장했고, 그중 한 영상은 100만 뷰 이상의 누적 조회 수를 기록했다. 덕분에 안정적으로 수익모델을 만들어낼 수 있었다. 물론 그땐 유튜브가 지금처럼 이렇게 대세가 될지 몰랐다. 운동 콘텐츠이기에 글과 사진보다 영상이 더 적합할 것이라고 생각했을 뿐이다.

SNS를 할 수 있는 시간과 에너지를 따져보자

대학 강의를 하는 교수님이 필자를 찾아와서 네이버 블로그를 꼭 해야 하냐고 물었던 적이 있다. 이미 논문을 포함하여 책을 여러 권 집필한 이력이 있고, 페이스북도 활용하고 계신 분이었는데 젊은 강사들이 블로그 활동을 열심히 해서 본인보다 더 많은 기회를 잡는 것을 보셨다고 했다. 교수님의 경우 바쁜 일정을 소화하면서 네이버 블로그까지 개설해서 운영하는 것은 쉽지 않아 보여 필자는 브런치를 추천했다. 예상은 적중했고, 교수님이 브런치에 첫 글을 올리자마자 400회 이상 공유가 되었다. SNS에 할애할 수 있는 시간과 에너지 내에서 최상의 성과를 거둔 셈이다.

잠재고객이 없다면 무용지물이다

대형학원 스타 강사였던 분이 홍보 문제로 필자를 찾아왔다. 운영 중인 채널을 점검해 보니 카카오스토리가 문제였다. 카카오스토리가 반짝 떴던 시기가 있었는데, 인기만 믿고 학생들이 선호하는 SNS를 고려하지 않은 채 카카오스토리에만 올인했기 때문이다. 필자는 카카오스토리 대신, 당시 학생들이 많이 사용했던 페이스북 페이지에 카드뉴스를 만들어 업로드 하는 것을 권했다.

⑩ 나의 타겟에 집중하기

나의 타겟은 어디에 있는가?

────TIP────
카페를 창업한다고 가정해 보자. 대학교 앞 상권과 아파트 밀집 지역의 상권은 확연히 다르다. 타겟팅은 내 카페가 어느 상권에 오픈해야 가장 유리한지 생각하는 과정과 유사하다.
─────────

마케팅에서 가장 중요한 것 중에 하나가 바로 '타겟팅'이다. 내 고객이 누구인지 명확하게 정의하고 마케팅 활동을 펼쳐야 한다. SNS는 고객을 만날 수 있는 통로 중 하나로, 내 고객이 어디에 있는지 제대로 알아야 한다.

각 플랫폼과 채널을 주로 이용하는 사용자층을 분석하여 내가 마케팅하고 싶은 대상과 나를 알리려는 대상이 어떤 SNS 채널을 주로 사용하는지 생각해 볼 필요가 있다. 타겟이 많은 곳이 곧 나에게 맞는 채널이 될 확률이 높기 때문이다.

타겟의 라이프스타일을 파악하자

타겟을 나이와 성별로 구분하는 것은 큰 의미가 없다. 보통 인스타그램은 2030 여성들이 선호하는 편이지만, 3040 남성들이 아예 없는 것도 아니다. 또 페이스북은 나이가 많은 사람들만 있다고 생각하지만, 다양한 통계를 찾아보면 10대들도 페이스북 메신저와 페이스북 그룹을 활발히 이용하고 있다.

(최근 한 달 내 메신저 이용자 861명 대상, 최대 2개 복수 응답)

	만 15~18세 (n=122)	만 19~24세 (n=207)	만 25~29세 (n=176)	만 30~34세 (n=166)	만 35~39세 (n=200)
카카오톡	73.6%	92.8%	87.5%	93.4%	94.0%
인스타그램	23.2%	29.5%	16.5%	12.0%	10.5%
페이스북 메신저	48.2%	14.5%	7.4%	3.6%	3.5%
트위터	5.4%	3.4%	4.5%	1.2%	0.5%
라인	0.0%	2.4%	2.8%	1.8%	4.5%

▲ 연령별 메신저 선호도(출처: 대학내일 20대 연구소, 2020년 11월 기준)

유튜브는 전 연령층, 남녀노소가 모두 많이 사용하지만 이용 패턴은 제각각이다. 엔터테인먼트 콘텐츠를 소비하거나 정보를 검색하려는 목적의 이용자가 많고, 영상 시청 후 바로 물건 구매로 넘어가는 사람의 비중은 상대적으로적다. 그러므로 당장 물건을 판매하고 싶은 사람이라면 유튜브보다는 네이버블로그나 인스타그램이 더 적합할 수 있다.

이처럼 타겟을 나이나 성별과 같은 인구통계학적 지표로 바라봐서는 안 된다. 이젠 내 고객의 라이프스타일을 제대로 이해하고, 그들이 디지털 세상 어디에서 어떻게 시간을 보내고 있는지 이해해야 한다.

⑭ 강점을 살릴 수 있는 채널 선택하기

내가 잘 만들 수 있는 콘텐츠 형식은 무엇인가?

─── TIP ───
거북이가 산이 아닌 물에서 빠른 것처럼 지금내가 콘텐츠를 만들고있는 터전이 나에게 적합한 채널이 아닐 수도있다.

글을 잘 쓴다고 해서 말도 잘하는 것은 아니다. 영상을 촬영하는 것과 사진을찍는 것, 또 그림을 그리는 것은 각각 다른 능력을 필요로 한다. SNS도 마찬가지다. 각 채널마다 요구하는 능력이 다 다르다. 블로그와 페이스북은 글만잘 쓰면 되지만, 인스타그램은 사진까지 잘 찍어야 한다. 유튜브는 기획 능력과 말솜씨, 촬영과 편집 기술 중 하나라도 잘해야 성공 가능성이 생긴다.

채널마다 올리는 콘텐츠 형식이 다르고, 콘텐츠를 소비하는 사람들의 니즈도 다르기 때문에 내가 가장 자신 있는 콘텐츠 형식이 무엇인지 생각하고 도전해야 한다.

글 VS 말, 나는 어느 쪽인가?

가장 자신 있는 콘텐츠 형식이 무엇인지 판단하는 것 또한 쉽지 않다. 실제로 만들어보지 않으면 감이 잘 오지 않기 때문이다. 우선, 가장 기본이 되는 두 가지 중에서 골라보자. 당신은 생각을 글로 전달하는 것이 편한가, 아니면 말로 전달하는 것이 편한가? 글을 잘 쓴다면 글 중심의 채널을, 말을 잘한다면 말 중심의 채널을 선택하는 것이 훨씬 유리하다.

아주 오래전부터 구독했던 블로그가 있었다. 잘 나가는 파워블로그였는데 운영자는 어느 날 유튜브도 시작했다. 워낙 높은 인기의 블로거였기에 기대감을 가지고 영상을 봤는데, 이게 웬걸. 글과 영상의 느낌이 너무 달랐다. 논리 정연했던 블로그의 글과 달리 영상 속 파워블로거의 눈빛은 불안함에 끊임없이 흔들리고 있었다. 발음도 썩 좋지 않아서 전달력도 나빴다. 그는 다시 블로거 활동에 매진했고, 현재는 책을 집필하고 있다.

 잠깐만요 ⋮⋮⋮ **음성 SNS, 목소리와 말로만 승부한다**

말을 조리있게 잘 하는 사람이라고 해도 영상 편집이나 콘텐츠 기획에 부담을 느껴 유튜브를 시작하지 못할 수 있다. 이럴 때는 음성 SNS 플랫폼을 추천한다. 음성 SNS는 목소리와 말로만 소통하는 플랫폼으로 클럽하우스나 최근 카카오에서 런칭한 음(mm)이 대표적이다. 녹음 후 음성 파일을 업로드 하는 방식의 음성 SNS는 '팟캐스트'로 구분되며, 대표적인 채널로는 팟빵과 네이버 오디오 클립이 있다.
다만 아직 음성 SNS 시장이 해외만큼 활성화되지는 않았으므로 음성 SNS는 서브 채널로 활용하는 것을 추천한다.

필자의 클럽하우스 프로필 ▶

필자의 경우, 앞의 사례와 완전히 반대였다. 유튜브를 시작하고 영상을 페이스북에 처음 공유했을 때였다. 페이스북에서 글로만 내 콘텐츠를 접했던 한 분이 "글보다 영상의 전달력이 훨씬 더 좋네요."라는 댓글을 남겨주었다. 실제로 필자의 다양한 SNS 채널 중 가장 빠르게 성장하고 큰 영향력을 만들어 준 것은 다름 아닌 유튜브였다. 유튜브의 유행에 편승했다기보다는 글보다 말이 더 편한 필자에게 유튜브가 잘 맞았기 때문이다.

필자는 글보다 말이 편해 유튜브에서 활발하게 활동하고 있지만, 시각적으로 매력적인 콘텐츠를 잘 만드는 사람이 아니기에 '음성에 특화된 사람'이라고 하는 게 더 정확하다. 그래서 음성 SNS인 클럽하우스가 등장했을 때 1,000명의 팔로워를 빠르게 모을 수 있었고, 카카오 음(mm)의 공식 크리에이터 100인 중 1인으로 선정될 수 있었다.

강점과 능력은 만들어나가는 것!

내가 잘 만들 수 있고 좋은 반응을 이끌어낼 수 있는 콘텐츠 유형이 무엇인지 정확하게 알고 있으면 앞으로 새로운 SNS가 생겨나더라도 나에게 적합할지, 아닐지를 빠르게 판단할 수 있다.

촬영 기술이 부족하면 인스타그램을 못 하고, 말솜씨가 없으면 유튜브를 못 하는 것일까? 물론 아니다. 훈련과 노력으로 관련 능력을 키우면 얼마든지 새로운 SNS에 도전할 수 있다.

모든 SNS는 겉치레보다 내용과 메시지, 소통이 더 중요하다는 사실을 명심하자. 그러니 콘텐츠 제작 능력이 특출나지 않다고 해서 섣부르게 낙담하진 않았으면 한다. 남과 비교해서 뛰어난 것을 선택하는 게 아니라, 내가 만들 수 있는 것 중 가장 나은 것을 선택하면서 나만의 강점을 부지런히 만들어 나가면 된다.

SNS 콘텐츠 노출 방식 이해하기

STEP 06를 통해 나에게 맞는 SNS 채널을 선택하기 위해 다양한 SNS 채널의 특징을 간단하게 파악해보았다. 여기, SNS 채널을 이해하는데 도움이 되는 또 한 가지가 있다. 바로 SNS의 노출 방식이다. SNS에 업로드한 콘텐츠를 더 많은 사람들이 보게 하려면 어떻게 콘텐츠가 사람들에게 '발견'되는지, 각 채널별 콘텐츠 노출 방식에 대한 이해가 필요하다. 내가 선택한 채널은 어떤 방식으로 콘텐츠가 노출되는지 살펴보고, SNS 채널을 키우는데 적극 활용해보자.

01 검색 기반 노출

말 그대로 콘텐츠가 '검색'을 통해 노출되는 방식을 말한다. 대표적인 예로 네이버와 구글과 같은 검색 엔진이 있다. 인스타그램 또한 해시태그 검색을 통해 콘텐츠가 노출된다.

TIP

검색은 능동적인 행동으로, 검색 후 살펴보는 콘텐츠의 만족도에 따라 이후 행동이 달라지기도 한다.

검색 기반 노출은 어떻게 활용하면 좋을까? 사람들은 이유가 있을 때 검색을 한다. 특정 단어를 검색한다는 것은 이미 그 단어에 대한 욕구(Needs)가 있다는 뜻이다. '맛집' 키워드를 검색하는 사람은 맛집에 갈 의사가 있는 사람이다. 단지 검색을 통해 어떤 식당을 선택할 것인지 판단할 뿐이다.

그러므로 내가 판매하는 서비스나 제품이 있다면 검색 기반 서비스를 놓쳐서는 안 된다. 검색 노출에만 신경써도 단기간에 구매 전환율을 끌어올릴 수 있기 때문이다.

02 관계 기반 노출

친구라는 관계를 통해 콘텐츠가 노출되는 형태를 말한다. 상대가 나를 팔로우하면 내가 작성한 콘텐츠가 상대의 피드에 자연스럽게 노출된다. 이 구조는 TV 광고와 유사하다. 광고를 보기 위해 TV를 켜진 않지만, 보고 싶은 예능 프로그램을 기다리다 자연스럽게 광고를 보게 되는 것처럼 말이다.

보고 싶은 특정 주제가 있는 검색 기반 노출과 달리, 팔로우한 수많은 콘텐츠 사이에서 눈에 띄어야지만 좋아요나 댓글을 받을 수 있다. 인스타그램과 페이스북에 올라오는 콘텐츠는 가볍게 훑어볼 수 있기 때문에 좋아요와 댓글을 받는 게 상대적으로 쉽지만, 유튜브나 블로그의 경우 구독을 했더라도 클릭을 하지 않으면 콘텐츠를 볼 수 없다. 따라서 나를 팔로우했다고 해서 내가 올리는 모든 콘텐츠를 집중해서 볼 것이라고 착각하면 안 된다.

TIP
꾸준히 대화를 나누고 친해져야하므로, 관계 기반 노출은 중장기적인 방법이라 할 수 있다.

관계 기반 노출을 활용하는 것은 오프라인에서 친구를 사귀는 것과 같다. 꾸준히 서로를 구독하고 이야기를 나누다 보면 호감이 생기게 되고, 그 호감을 바탕으로 내가 상대방에게 각인되는 것이 중요하다.

03 알고리즘 추천 노출

유튜브를 보다 보면 '알고리즘이 나를 이곳으로 이끌었다.'라는 댓글을 종종 볼 수 있다. 직접 검색한 것도 아니고 구독을 한 것도 아니지만, 유튜브에 업로드된 수많은 영상 중 사용자가 좋아할 만한 영상을 유튜브가 임의로 추천한 것이다. 유튜브뿐 아니라 인스타그램도 알고리즘 추천으로 새로운 콘텐츠를 추천해 주고 있다.

알고리즘은 어떻게 내가 좋아하고 관심을 가지는 영상을 귀신같이 알아맞히는 걸까? 그 비밀은 나의 행동과 반응 하나하나에 있다. 우리가 온라인 채널 안에서 하는 모든 활동은 흔적이 남는다. 무엇을 검색하고, 클릭하고, 좋아요를 누르는지 '데이터'로 기록된다. SNS는 사용자들이 SNS에 접속한 후 더 즐겁게 콘텐츠를 소비하기를 원한다. 그러므로 사용자 개인이 검색하고, 클릭하고, 좋아한 데이터를 분석하고, 이에 근거하여 우리가 좋아할 만한 콘텐츠를 추천해 준다. 이것이 바로 '알고리즘'이다.

그렇다면 알고리즘 추천 노출은 어떻게 활용해야 할까? 우선, 알고리즘이 나에 대한 데이터를 쉽게 얻을 수 있도록 해보자. '이 계정은 주로 음식 콘텐츠를 올리는구나. 음식 콘텐츠를 많이 보는 사용자에게 추천해 줘야지.'라고 생각할 수 있도록 해야 한다는 의미다. 즉, 주제를 명확히 하고 일관된 콘텐츠를 업로드해야 알고리즘 노출의 덕을 볼 수 있다.

알고리즘 추천 노출의 경우 노력보다 그저 '알고리즘의 간택'을 받아야 하는 것처럼 느껴질 수 있지만, 반대로 생각하면 스킬과 요령이 없어도 양질의 콘텐츠를 일관성 있게 꾸준히 올리기만 하면 콘텐츠가 자연스레 퍼질 수 있다는 장점때문에 오히려 SNS 초보자에게 더 좋을 수 있다.

㉔ 유료 광고에 의한 노출

특별히 홍보하고 싶은 게시물이 있다면 비용을 들여 광고를 집행할 수 있다. 인스타그램, 페이스북, 유튜브 콘텐츠 모두 어렵지 않게 유료 광고 기능을 사용할 수 있으므로 필요시 고려해 보자.

유료 광고는 수익이 필요한 플랫폼과 홍보가 필요한 기업의 니즈가 딱 맞아떨어져서 생긴 방식이다. 하지만 개인도 소액으로 광고를 집행할 수 있다. 특히 인스타그램과 페이스북의 경우, 아주 소액의 광고비로도 내 콘텐츠를 더 많은 사람들에게 노출시킬 수 있다.

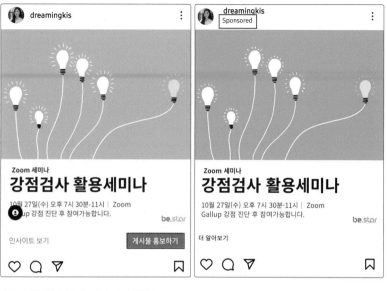

▲ 인스타그램 소액 광고로 노출된 컨텐츠

위의 이미지는 필자가 인스타그램 소액 광고를 활용하여 세미나 상품을 홍보했던 예시이다. 인스타그램 게시물 하단의 '게시물 홍보하기' 버튼을 클릭하여 광고를 집행하면 계정 ID 하단에 'Sponsored' 표시가 붙은 상태로 광고가 시작된다.

광고 노출의 경우, 이 콘텐츠를 선호할 만한 사람을 미리 예상해서 타겟팅할 수 있을 뿐 아니라, SNS 플랫폼이 분석한 데이터를 기반으로 반응 확률이 높은 사람들에게 노출시켜주기 때문에 잘 활용하면 단기간에 큰 성장을 이뤄낼 수 있다.

STEP

08 SNS 속 새로운 '나'를 만들어보자

오랜만에 만난 초등학교 동창 모임에서의 내 모습과 직장에서의 내 모습이 같을 순 없다. 어떤 상황에서 누구를 만나느냐에 따라 나의 분위기, 말투, 대화 소재 등이 달라지듯이, 온라인 공간에서도 어떤 말투와 분위기로 사람들과 대화를 나눌 것인지 미리 결정하는 게 좋다. 이를 브랜딩에서는 '콘셉트'라고 말한다. SNS 공간에서 보여질 '새로운 나'를 생각해보자.

01 마케팅하지 말고 브랜딩하라

마케팅과 브랜딩. 비슷해 보이는 두 개념에는 어떤 차이가 있을까? 한마디로 정리하자면, 마케팅은 '파는 것'이고 브랜딩은 '팔리게 하는 것'이다. 즉, 브랜딩이 잘 되면 내가 물건을 사 달라고 말하지 않아도, 일을 달라고 말하지 않아도 먼저 '제발 팔아주세요.' 혹은 '같이 일해볼래요?'라는 이야기를 듣게 된다.

마케팅만으로는 충분하지 않다

지인의 소개로 쥬얼리 전문점의 대표님을 만난 적이 있다. 필자를 '블로그 마케팅 전문가'라고 소개하자 쥬얼리 회사 대표님은 '블로그 마케팅은 신물이 난다.'라고 말했다.

그럴 만도 했다. 블로그 검색에서 상위노출이 되면 손님이 늘지만, 노출이 되지 않으면 바로 손님이 뚝 끊어지기 때문이다. 대표님은 어떻게든 검색 결과 상단에 회사 블로그를 노출시키기 위해 수단과 방법을 가리지 않았다고 했다. 심지어 매크로와 같은 편법도 써 봤다고 했다. 편법을 사용하면 당연히 저품질 블로그가 될 확률이 높아지고 이런 과정을 겪다보면 마케팅에 신물이 나는 것은 당연하다.

물론 블로그의 상위노출이나 인스타그램의 인기 게시물이 되는 것도 중요하다. 빠른 시간에 큰 이득을 얻을 수 있기 때문이다. 하지만 단발성이어서는 절대 안 된다. 콘텐츠를 쌓아가며 SNS상의 영향력을 키우고, 상단 노출이 되지 않더라도 내 브랜드를 찾아와 주는 팬을 만들어야 한다. 이제는 마케팅을 넘어 '브랜딩' 시대이기 때문이다.

SNS 세상 속 '나'를 브랜딩 해보자

SNS를 활용해서 돈을 벌거나 기회를 잡고 싶은 개인이라면 마케팅보다는 브랜딩 관점으로 접근하기를 권한다. 마케팅은 콘텐츠보다 기술이 더 중요하기 때문에 광고 도구나 카피라이팅 등을 배워야 성과를 낼 확률이 높아지며, 일시적으로 큰 성과를 내더라도 지속성이 떨어진다. 끊임없는 마케팅 활동을 통해 성과를 만들어야 하기 때문에 자본과 시간, 실력이 부족한 개인에게는 마케팅으로 승부하는 것이 굉장히 어렵다.

필자 또한 SNS 마케터로 기업 마케팅을 담당해 왔지만, 정작 개인 SNS에서는 단편적인 마케팅 스킬을 사용하지 않았다. 대신, '나 자신'을 철저히 브랜딩하려고 노력했다. 브랜딩은 마케팅과 달리 단기적으로는 성과가 눈에 보이지 않지만, 시간이 지날수록 인식이 누적되어 강해진다. 인식이 쌓이고 쌓여 어느 수준에 도달하면, 다른 사람이 따라올 수 없는 강력한 효과를 낼 수 있다.

SNS를 막 시작한 개인이 훨씬 더 부담없이 접근할 수 있는 방법은 분명 '브랜딩'이다. SNS 세상 속 '나'를 브랜딩하기 위한 기초 작업을 시작해보자.

---TIP---

마케팅과 브랜딩 모두 필요하며 어느 것이 더 우월하거나 탁월하다고 말할 순 없다. 온라인을 활용하는 목표와 개개인의 성향 등 많은 것을 고려해서 나에게 더 적합한 방식을 선택하는 것이 필요하다.

💬 02 콘셉트 정하기 : 나는 [-하는] 사람이다

브랜딩은 긍정적인 인식을 만드는 일이다. 사람들이 나를 어떻게 인식하면 좋을지를 생각해 보아야 한다. 이것이 곧 나의 '콘셉트'가 된다. SNS에서도 마찬가지다. 내 SNS에 방문한 사람들이 어떤 느낌을 받았으면 좋겠는지, 나를 어떤 사람이라고 설명할지 미리 계획하고 시작하면 좋다.

카테고리부터 정해보자

SNS에는 수많은 정보와 매력적인 사람들이 넘쳐나고, 내 콘텐츠는 짧은 순간에 휘리릭 넘겨지기 일쑤다. 찰나의 순간에 나를 집약적으로 보여주는 것이 중요하다. 즉, 내 SNS의 메인 화면에 '주제'가 한눈에 보여야 한다.

내가 가진 수많은 모습 중 사람들에게 보여주고 싶은 모습이 무엇인지, 어떤 내용을 주로 담을지 생각하고 한 문장으로 정리해 보자.

[마케팅   ] 하는 사람

마케터로 커리어를 시작한 필자의 한 문장은 '마케팅하는 사람'이다.

분야를 좁히면 더욱 좋다

하지만 마케팅하는 사람은 수없이 많고, 잘하는 사람도 많다. 이럴 땐 분야를 좁히는 것이 나를 좀 더 효과적으로 인식시키는 방법이다. 내 분야를 최대한 잘게 쪼개보자. 다양한 기준으로 쪼개다보면 세분화 된 영역이 보이게 된다.

- **온라인 / 오프라인**
- **프로세스별** : 브랜드 기획, 브랜드 개발, 콘텐츠 제작, 채널 운영, 광고 집행
- **채널별** : 블로그, 페이스북, 인스타그램, 유튜브, 틱톡, 스마트스토어
- **산업별** : 외식업, 교육업, 뷰티, 패션, 라이프스타일, IT, 핸드메이드
- **대상별** : 대기업, 공기업, 스타트업, 프랜차이즈, 개인

이 중 내가 잘하는 분야, 혹은 앞으로 더 집중하고 싶은 분야를 고른다.

- **온라인 / 오프라인**
- **프로세스별** : 브랜드 기획, **브랜드 개발**, **콘텐츠 제작**, **채널 운영**, 광고 집행
- **채널별** : **블로그**, 페이스북, **인스타그램**, **유튜브**, 틱톡, 스마트스토어
- **산업별** : 외식업, **교육업**, 뷰티, 패션, 라이프스타일, IT, 핸드메이드
- **대상별** : 대기업, 공기업, 스타트업, 프랜차이즈, **개인**

이제 경쟁자와 시장을 살펴보자. 나와 유사한 능력을 가진 사람들과 비교했을 때, 내가 더 경쟁력이 있다고 판단되거나, 혹은 아직 아무도 선점하지 않은 분야를 골라보자.

- **개인**
: 개인을 대상으로 하는 사람은 거의 없다.

- **지식기업 (교육 및 콘텐츠 비즈니스)**
: 직접 강의를 하고, 교육 기획도 많이 하므로 관련업에 대한 이해도가 높다. 단순 교육업보다는 지식을 기반으로 한 다양한 콘텐츠 비즈니스로 재정의하자.

- **브랜딩부터 온라인 채널 전략까지**
: 프로세스와 채널 중 하나를 고르기에는 둘 다 뛰어나게 잘 하지 않는다. 하지만 브랜딩부터 마케팅 전체 프로세스를 경험한 사람은 적으며, 모든 SNS를 다 직접 운영한 경험이 있는 사람도 없다. 즉, 나는 **통합적 관점**에서 '전략'을 제안해 주는 사람이라고 말하는 게 좋겠다.

필자는 이런 방식으로 콘셉트를 '퍼스널 브랜딩 전략'을 하는 사람이라고 정한 후, 관련 콘텐츠를 만들기 시작했다. 실제 컨설팅을 받으러 오는 분도 주로 자신의 지식과 경험으로 비즈니스를 하시는 강사, 컨설턴트, 전문직 종사자가 많다.

[**퍼스널 브랜딩 전략**] 하는 사람

내가 무슨 일을 하는 사람인지 가능한 한 구체적으로 명확하게 정의해 보자. 앞으로 SNS에 담을 콘텐츠 전략의 핵심이 될 것이다.

🗨️03 이미지 콘셉트 더하기 : 나는 [-한] 사람이다

기본 콘셉트를 정했다면 이번에는 이미지 콘셉트, 즉 톤앤매너를 결정해야
한다. 쉽게 말해 앞서 설정한 콘셉트에 형용사를 넣어보는 작업이다. 여기서
는 내가 하는 일보다는 나의 성격, 성향, 특성 중 앞서 정한 콘셉트를 강화할
수 있는 키워드를 찾는 것이 중요하다.

성향 · 특성 키워드 찾기

지적인	열정적인	성실한	창의적인	차분한

• 똑똑한
• 학구적인
• 박학다식한
• 지혜로운
• 교양있는
	• 도전적인
	• 의욕적인
	• 용기있는
	• 추진력있는
		• 열심히 일하는
		• 끈기있는
		• 꾸준한
		• 시간을
		  엄수하는
			• 호기심 많은
			• 상상력이
			  풍부한
			• 열린 마음의
			• 기발한
				• 진지한
				• 느긋한
				• 신중한
				• 꼼꼼한
				• 자아성찰적인
				• 생각이 깊은

배려심이 있는	**신뢰할 만한**	**강한**	**유능한**	**활기찬**

• 매너가 좋은
• 잘 도와주는
• 관대한
• 이해심이 많은
• 친절한
	• 책임감 있는
	• 자기관리
	  잘하는
	• 자제력 강한
	• 의리 있는
	• 듬직한
		• 카리스마 있는
		• 야망있는
		• 대담한
		• 집요한
		• 회복이 빠른
		• 소신있는
			• 경쟁력 있는
			• 리더십 있는
			• 철저한
			• 다재다능한
			• 선견지명이
			  있는
				• 위트있는
				• 쾌활한
				• 에너지 넘치는
				• 젊은
				• 사교적인
				• 사랑이 넘치는

자유로운	**진실된**	**이성적인**	**세련된**	
• 자립심 강한 • 독립적인 • 유연한 • 모험을 즐기는 • 주도적인	• 정직한 • 솔직한 • 진정성 있는 • 겸손한 • 예의바른 • 일관성 있는	• 논리적인 • 합리적인 • 분석적인 • 전략적인 • 체계적인	• 매력적인 • 부티나는 • 우아한 • 감각적인 • 트렌디한	

▲ 브랜드 이미지 키워드 (출처:뭐해먹고살지? 문답집)

학구적이고, 이성적이고, 리더십 있는 사람과 도전적이고, 자유롭고, 솔직한
사람은 같은 일을 하더라도 다르게 한다. 학구적인 사람에게 끌리는 사람과
자유로운 사람에게 끌리는 사람 또한 다르다.

성향은 사람의 이미지를 결정하는 데 굉장히 중요한 역할을 하며, 내가 어떤 사람인지에 따라 나를 팔로우하고 좋아해주는 사람들도 달라진다.

선택한 이미지 콘셉트에 맞춰 SNS 속 나를 보여주자. 만약 당신이 학구적인 사람이라면 평소에 책을 많이 보거나 강의를 많이 들을 것이다. 이 모습을 그대로 SNS에 공유하는 게 좋다. 그럼 사람들은 자연스럽게 당신을 '학구적인 사람'이라고 인식할 테니 말이다.

이미지 콘셉트 강화하기 : 색상, 말투, 폰트

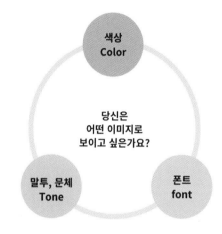

▲ 이미지 콘셉트를 강화하는 3요소

SNS에 업로드하는 콘텐츠 그 자체도 중요하지만, 이미지 콘셉트를 강화할 수 있는 부수적인 디테일 또한 중요하다.

가장 대표적인 것은 '색상'이다. SNS에 올리는 사진이나 프로필 사진의 톤과 색상을 나의 이미지 콘셉트에 어울리게 꾸며보자. 차분한 성향을 가진 사람은 선명한 색보다는 파스텔톤이 어울릴 것이고, 진취적이고 열정적인 사람은 빨간색이나 선명한 색이 어울릴 것이다. 말투와 문체, 폰트까지 같은 톤으로 통일하여 일관성을 주면 더욱 효과적이다.

이때 유의할 점이 있다. '좋아하는 톤'이 아니라 '인식시키고 싶은 톤'을 찾아야 한다는 것이다. 내 취향이 곧 내 특성을 반영하는 것은 아니다. 아기자기하고 부드러운 것을 좋아하는 취향을 가졌더라도 전문직 종사자라면 프로페셔널한 느낌을 줄 수 있는 색상과 말투와 문체, 폰트를 사용해야 한다.

04 네이밍하기 : SNS 속 새로운 이름

┌─── TIP ───┐
페이스북이나 링크드인은 실명을 사용하는 SNS지만 그 외의 채널에서는 꼭 실명을 사용할 필요가 없다.
└───────────┘

콘셉트를 모두 정했다면, 이제 이름을 지어볼 차례다. SNS를 개설할 때 가장 고민되는 것 중에 하나가 '이름'이다. 필자 또한 블로그를 시작하기 전 이름을 정하지 못해 몇 달을 미뤘던 기억이 난다. 이름은 어떻게 정하는 게 좋을까? 몇 가지 타입으로 나누어 살펴보자.

닉네임 타입

┌─── TIP ───┐
사전에 검색을 해서 동일한 이름을 사용하는 사람이 있는지, 얼마나 활발하게 활동하고 있는지 꼭 체크해야 한다.
└───────────┘

가장 일반적인 방식으로, 어릴 적 별명을 사용하거나 영어 이름을 사용하는 경우도 많다. 이름처럼 불릴 것이기 때문에 내가 듣기에 익숙하고 편안한 이름을 짓는 것도 좋은 방법이다.

 밉지않은 관종언니 ✓
구독자 53.7만명

 공부왕찐천재 홍진경
구독자 93.8만명

▲ 콘셉트가 잘 드러나는 닉네임 타입 이름의 예시

적당한 별명이 없다면 새롭게 닉네임을 만들어야 한다. 이때 중요한 것이 '콘셉트'이다. 연예인 이지혜의 채널 '밉지않은 관종언니'와 같이 성향과 특성이 잘 드러난 닉네임이나, 홍진경의 채널 '공부왕찐천재 홍진경'처럼 채널의 주제가 드러나는 닉네임을 고민해 보자.

브랜드명 타입

닉네임과 별개로 채널 이름을 브랜드명처럼 만들어 운영하기도 한다. 사람보다 콘텐츠 자체가 더 중요한 경우, 내 닉네임을 그대로 채널명으로 쓰기보다 브랜드명을 메인으로 사용하는 게 좋다.

이 경우, 이름만 보더라도 채널의 주 콘텐츠가 어떤 내용인지 알 수 있도록 직관적으로 짓는 것이 중요하다.

 뭐해먹고살지?
구독자 2.85만명

 널 위한 문화예술
구독자 23.5만명

▲ 주제가 잘 드러나는 채널명

> **TIP**
> 실제로 많은 분들이 채널 이름이 너무 와닿아서 좋다는 피드백을 주었고, 채널명만 보고 마음에 들어 구독했다는 구독자도 만날 수 있었다.

필자의 유튜브 채널 이름 '뭐해먹고살지?'는 내 캐릭터보다 채널의 주제가 더 잘 드러났으면 하는 바람으로 지었다. 뭐 해 먹고 살지 고민하는 사람들에게 도움이 될 만한 콘텐츠를 만들겠다는 기획 의도가 포함되어 있다.

이처럼 다루고자 하는 주제가 명확한 경우에는 '책그림', '널 위한 문화예술' 등과 같이 주제가 무엇인지 한번에 알 수 있는 이름을 정하는 것이 좋다. 특히 채널을 키워 비즈니스를 하고 싶은 사람이라면 브랜드명 타입으로 이름을 정하는 게 적합하다.

실명 타입

닉네임을 별도로 짓는 것은 일종의 '부캐'를 만드는 작업이다. 하지만 SNS에 꼭 부캐를 담을 필요는 없다. 실명을 그대로 사용하는 것도 하나의 방법이다.

 잠깐만요 ⋯ '부캐'란?

버금 '부(副)'와 '캐'릭터의 합성어로, 원래는 게임에서 기존에 키우던 캐릭터 외에 새로운 캐릭터를 만든 경우를 뜻했다. 최근에는 게임을 넘어 방송과 SNS에서도 '부캐' 열풍이 불고 있다. 기존의 '나'와 완전히 다른 이름과 특징을 가진 새로운 캐릭터로 능청스럽게 활동하는 것이 포인트다.

특히 친근함보다 신뢰를 줘야 하는 전문가의 경우, 실명을 사용하는 것을 권하는 편이다. 책을 쓰거나 강연 활동을 많이 하는 경우에도 실명과 닉네임을 혼용해서 쓰면 헷갈릴 수 있으므로, 어떤 이름으로 활동할지 미리 생각해 보는 것을 권한다.

 조승연의 탐구생활 ✅
구독자 118만명

 셜록현준 ✅
구독자 28.5만명

▲ 실명을 그대로 사용한 채널명

페이스북이나 인스타그램은 실명을 그대로 쓰고, 유튜브나 블로그 이름을 지을 때에는 '조승연의 탐구생활'처럼 실명에 채널의 특성을 나타낼 수 있는 수식어를 덧붙이는 것도 좋은 방법이다.

05 콘셉트에 가치 한 스푼 더해보기

지금까지 SNS 세상 속 나의 콘셉트와 새로운 이름을 차근차근 하나씩 정해 보았다. 이제 하나의 새로운 정체성이 생겼으니, 이를 바탕으로 SNS를 통해 나 자신을 브랜딩해 나가면 된다. 그리고 여기, 필자가 추천하는 한 가지 방법이 더 있다.

나의 콘셉트에 지향하는 '가치' 더하기

메시지가 있는 브랜드가 사랑받는 시대다. 가치 있는 콘텐츠만이 사랑받을 수 있고 오랜 시간 살아남을 수 있다. 사람들이 공감할 수 있는 이야기, 혹은 영감을 주는 이야기를 해야 한다.

'나는 사람들에게 어떤 이야기를 하고 싶은 것일까?'
'내가 만드는 콘텐츠가 누구에게 도움을 줄까?'
'나는 어떤 가치를 만들어내는 사람일까?'

한 번 생각해보자. 그리고 1~2 문장으로 정리해 채널 프로필에 적어보자.

▲ 전하고자 하는 가치를 담은 유튜브 채널 아트

필자가 사람들에게 전하고자 하는 가치는 바로 '하고 싶은 일을 원하는 방식으로' 할 수 있도록 돕는 일이다. 그 수단으로 퍼스널 브랜딩과 SNS 마케팅, 프리랜서의 삶을 주로 이야기한다.
이 내용을 유튜브 채널 아트에 담았다. 채널에 들어오자마자 바로 보이는 곳이기 때문에 내가 말하고자 하는 바가 무엇인지를 한눈에 볼 수 있다.

이처럼 내가 던지고자 하는 가치와 메시지를 잘 정리하고 곳곳에 슬로건으로 배치한다면, 나의 가치에 공감하는 사람들이 훨씬 더 매력적으로 나를 바라봐 주지 않을까?

PART 02

감성 인씨들의 놀이터,
인스타그램

STEP 01 왜 인스타그램을 시작해야 할까?

전세계적으로 일대일 비율의 정방형 감성을 유행시킨 인스타그램(Instagram)은 단연 가장 핫한 SNS 중 하나이다. 나만의 인스타그램 피드를 꾸미고, 스토리 기능으로 간편하게 일상을 공유하고, 홈 화면에서 지인들의 근황을 살피는 것은 이제 익숙한 풍경이 되었다. 사진 한 장과 해시태그 하나면 충분하다. 더 늦기 전에 인스타그램을 시작해보자.

모두가 인스타그램을 일상 공유 목적으로만 사용하지는 않는다. 우선, '왜 인스타그램을 운영하려고 하는지'를 생각해 보자. 목적에 따라 인스타그램을 기획하는 방향이 달라지기 때문이다.

01 인플루언서가 되고 싶다

'인플루언서(Influencer)'란 SNS에서 수만 명에서 수십만 명의 팔로워를 가지고 대중에게 영향력을 행사하는 사람을 뜻한다. 인플루언서가 업로드하는 콘텐츠들은 늘 '핫'하다. 그들을 응원하고 지지해주는 팬들은 물론, 일반 대중들도 인플루언서의 일거수일투족에 관심을 가지고 반응을 보인다. 이러한 리액션들이 모여 자연스레 인플루언서의 영향력이 된다. 인플루언서가 되고 싶다면 인스타그램에 자신의 매력을 어떻게 잘 담아서 보여줄 것인지, 어떻게 대중들의 관심을 끌 수 있을지 고민해야 한다.

과거의 인플루언서는 단지 SNS 속 유명인에 불과했지만 현재 그들의 활동 범위는 날이 갈수록 넓어지고 있다. 기업의 마케팅 담당자들이 상품과 브랜드를 알리기 위해 제품과 밀접성이 높은 인플루언서에게 광고를 의뢰하거나 협업을 진행하는 사례가 늘고 있는데, 이전에는 주로 연예인을 대상으로 이루어지던 일이 SNS 시대에는 인플루언서로 옮겨가고 있는 것이다. 이제 인플루언서는 강력한 영향력을 기반으로 수익을 벌어들이고 있다.

02 홍보할 상품과 서비스가 있다

마케팅 목적으로 인스타그램을 시작하는 경우, 판매하고자 하는 상품과 서비스를 구매할 가능성이 있는 잠재고객을 확보하는 것을 목표로 삼아야 한다. 이때, 주의사항이 있다. 인스타그램 피드를 광고판으로 사용하지 말아야 한다. 무턱대고 상품 홍보글만 써서는 안 된다는 말이다. 상품에 대해 이야기하기 전에, 상품의 타겟이 누구인지 생각하고 그들에게 도움이 될만한 콘텐츠를 만들어 업로드해야 한다. 콘텐츠를 먼저 접한 잠재고객이 계정을 팔로우하면 이후 상품 홍보글을 업로드하여 상품을 자연스럽게 노출시키는 것이 좋다.

TIP

은환씨(@eunhwan_kr)는 상품만 판매하는 게 아니라 사람들에게 도움되는 콘텐츠를 꾸준히 발행하고 있다. 이것은 곧 매출로 연결되어 지난해 14억 매출을 달성했다.

▲ 상품 홍보글과 상품 관련 콘텐츠글이 적절하게 섞여있는 피드

03 공동구매를 하고 싶다

—— TIP ——

공동구매란?
특정 제품을 일정 기간 동안 할인된 가격으로 판매하는 방식으로, 개인이 아닌 단체 단위로 구매가 이루어지는 것이 특징이다. SNS에서는 인플루언서들이 주축이 되어 진행하는 경우가 많은데, 구입을 원하는 사람들을 우선적으로 모은 다음 함께 주문을 한다. 개인 구매보다 저렴한 가격으로 제품을 구매할 수 있는 이점이 있다.

인스타그램을 통해 공동구매를 진행하는 사람들이 늘어나고 있다. 과거엔 인플루언서들을 주축으로 공동구매가 이루어졌다면, 이제는 일반인들도 부수입을 벌어들이는 수단으로 공동구매를 택하는 경우가 많아졌다.

이때, 공동구매 상품의 카테고리를 미리 생각하고 연관된 콘텐츠를 올리는 것이 중요하다. 운동에 관심이 있고, 관련 상품으로 공동구매를 진행하고 싶다면 운동 일지나 식단 등 관련된 일상글과 정보 콘텐츠를 올려보자. 운동을 좋아하는 사람들이 자연스럽게 나를 팔로우하면 공동구매의 잠재고객이 확보된다. 업로드하는 콘텐츠의 '주제'가 명확한 상태에서 관련된 상품을 취급할 때, 공동구매 참여율이 눈에 띄게 늘어난다는 점을 명심하자.

04 비슷한 취향을 가진 사람들과 연결되고 싶다

SNS의 N은 Network 즉, 연결망을 뜻한다. 우리는 SNS를 통해 사람들과 연결된다. 나를 좋아해주는 팬을 만들 수도 있지만, 단순히 공통의 취향과 관심사를 가진 사람들을 만나는 장으로도 활용할 수 있다.

—— TIP ——

신기하게도 다이어트를 끝내고 맛있는 음식을 먹기 시작한 순간부터 다이어트 계정의 친구들이 줄어들었다. 그들은 '김인숙'이라는 사람과 교류한 것이 아니라 '다이어트하는 김인숙'과만 연결되고 싶어 했다는 사실을 깨달을 수 있었다.

필자는 다이어트를 하며 다이어트 계정을 운영했다. 다이어트를 주제로 하는 계정인 만큼, 피드는 운동일지와 식단일지로 가득 채웠고 해시태그도 #다이어터 #식단일지 #운동스타그램 등 다이어트와 관련된 것들로 달았다. 덕분에 다이어트를 하는 또 다른 사람들이 나를 찾아와서 서로 맞팔로우했고, 다이어트라는 공통된 주제로 교류하며 더욱 즐겁게 다이어트를 할 수 있었다.

이처럼 비슷한 취향이나 공통의 관심사를 가진 사람들과 연결되는 것만으로도 인스타그램을 하는 이유는 충분할 수 있다. 나의 관심사로 피드를 꾸미고, 관련 해시태그를 달아보자. 비슷한 취향의 사람들이 먼저 내 계정을 찾아와 줄 것이다.

STEP 02 계정 운영 방식 살펴보기

인스타그램을 시작하려는 이유와 목적을 생각해 보았다면, 이제는 실전이다. 여기서 알려주는 인스타그램의 다양한 계정 운영 방식을 살펴보고 나의 운영 목적과 가장 알맞은 운영 방식이 무엇일지 생각해보자. 상황에 따라 여러 방식의 계정을 함께 운영하는 것이 좋을 수도 있다.

01 일상 계정

특정한 목적 없이 나의 일상을 업로드하는 개인 계정을 뜻한다. 셀피(Selfie)를 올리기도 하고, 지인과의 만남을 기록하거나 맛있는 음식이나 예쁜 카페의 공간을 촬영해서 올리는 등 일상적인 피드를 차곡차곡 쌓아나가는 것이 특징이다.

일상 계정도 '핫'해질 수 있다

일상 계정은 지인들과 소통을 위해서 가볍게 운영하는 경우가 많은데, 그 중 일부는 자연스럽게 팔로워 수가 늘어나면서 인플루언서가 되기도 한다. 그 차이는 무엇일까?

> **TIP**
>
> 인스타그램은 사진 기반의 SNS이기 때문에 이왕이면 기본적인 사진 촬영 능력을 갖추는 것을 추천한다. 사진을 통해 나의 콘셉트와 매력을 더욱 효과적으로 드러낼 수 있기 때문이다.

가볍게 운영하는 일상 계정이라도 나의 어떤 면을 중점적으로 보여주고 싶은지 생각한 후 콘셉트에 맞게 계정을 운영하면 효과적이다. '인테리어 감각이 뛰어난' 모습을 보여주고 싶다면 감각적인 공간이나 소품의 사진을 주로 업로드하는 것이 좋다. '트렌디한 장소를 잘 찾아다니는' 사람으로 보이고 싶다면 다른 건 몰라도 핫플레이스 인증만큼은 꼭 업로드한다. 콘셉트에 맞는 피드가 차곡차곡 쌓이다보면 사람들에게 자연스레 '저 사람은 그런 매력이 있는 사람이군.' 하고 인식될 것이다.

▲ 자신만의 매력으로 인플루언서가 된 일상 계정 @dohwa.ceramic

02 콘셉트 계정

특정 주제를 가지고 운영하는 계정으로 나보다는 주제가 드러나는 것이 특징이다. 일상 계정을 운영하면서 서브 계정으로 콘셉트 계정을 키우기도 한다.

TIP

배달의 민족 마케터였던 이승희 마케터가 나에게 영감을 주는 것을 인스타 계정에 올리면서 '영감계정'이 유행했다.

필자의 경우, '브랜더의 시선노트(@brander.note)'라는 콘셉트 계정을 운영하고 있다. 취향 중심의 인스타그램을 조금 더 잘 활용해보고자 고민하던 차에, 때마침 마케터들 사이에서 '영감계정'이 유행하기 시작했다. "이거다!" 싶은 마음에 바로 계정을 만들었다.

다소 거창하게 느껴지는 '영감'이라는 단어 대신, '시선'을 메인 콘셉트 키워드로 사용했다. 깨달음이나 영감을 기록하기보다 눈길이 가는 것을 가볍게 담겠다는 뜻이었다. 평소에 마케팅이나 브랜딩과 관련하여 눈길을 끄는 무언가를 볼 때마다 사진을 찍는 습관이 있었기에 어렵지 않게 계정을 운영할 수 있을거라 생각했다.

▶ 하나의 이메일에 연동되어 있는 계정 목록

인스타그램은 기본적으로 다중 계정 기능을 지원한다. 하나의 이메일로 최대 5개의 계정을 만들 수 있고, 각 계정을 연동하여 편리하게 관리할 수도 있다. 연동된 계정들은 한 번에 로그인이 가능하며, 프로필 탭 상단의 ID를 클릭하여 손쉽게 전환할 수 있다.

다만, 연동이 되어있을 뿐 각각 독립된 계정들이기 때문에 게시물이나 스토리, 팔로잉 등 인스타그램 내의 활동은 공유되지 않는다. 그렇기에 다중 계정 기능을 이용하면 목적에 따라 일상 계정, 콘셉트 계정, 비즈니스 계정을 확실히 분리하여 인스타그램을 더욱 효과적으로 활용할 수 있다.

시행 착오를 통한 발전

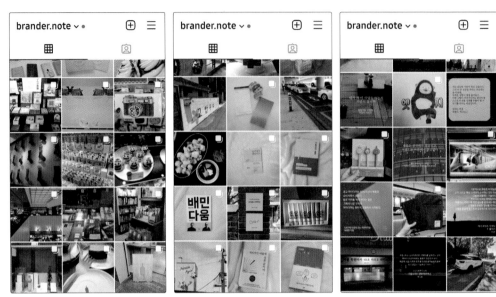

▲ 브랜드 투어 사진에서 독서 리뷰 위주로 변화한 피드

초반에는 브랜드 투어를 갔던 일본에서 찍어온 사진을 부지런히 업로드했다. 당시 한국에는 없었던 블루보틀의 일본 매장 사진이나 핫했던 츠타야 서점의 사진을 올렸다. 하지만 곧, 브랜드 투어를 자주 다니지 못하기 때문에 지속적으로 유사한 콘셉트의 사진을 올릴 수 없다는 사실을 깨달았다.

그래서 일상 계정에 종종 올리던 도서 리뷰를 콘셉트 계정에 올려보았다. 일상 계정보다는 '브랜더의 시선노트' 콘셉트에 더 적합하다고 판단했기 때문이다. 몇 번 업로드해보니 반응이 꽤 괜찮았다. 아니, 오히려 브랜드 투어 사진보다 반응이 더 좋았다. 그래서 도서 콘텐츠 비중을 늘려보기로 했다.

──── **TIP** ────

특히 전자책은 문장을 카드뉴스 형태로 예쁘게 변환하는 작업이 쉬워, 게시물 업로드 횟수를 더욱 늘릴 수 있었다. 최근에는 책뿐만 아니라 디지털 기사나 칼럼을 보다가도 좋은 글귀가 보이면 캡처해서 올리고 있다.

책 한 권을 다 읽고 나서 리뷰를 하려니 시간은 오래 걸리고 하나의 글 밖에 올릴 수 없어서 책 문장을 업로드해 보았다. 인상 깊은 구절을 카드뉴스 형태로 만들고, 사진 – 글귀 – 사진 - 글귀를 번갈아 가면서 업로드했다. 두 가지 형태의 콘텐츠를 섞어서 올리니 도서 콘텐츠 반응이 더욱 좋아졌다.

인스타그램에 정답은 없다

콘셉트 계정을 잘 운영하기 위해 고민하는 과정에서 인스타그램의 다양한 노하우를 익혔다. 팔로워를 늘리려고 노력하지 않고 그저 나만의 노트라고 생각하며 아카이빙 형태로 운영했음에도 팔로워가 빠르게 늘어나는 것을 보며, 콘셉트가 명확하면 관련 타겟에게 쉽게 어필할 수 있다는 교훈을 얻었다. 인스타그램 특성상 '사진 콘텐츠'가 인기 있을 것이라는 예상과 달리 '텍스트 콘텐츠'에서 더 좋은 반응을 얻으면서, 꼭 사진이 아니더라도 콘셉트와 타겟의 니즈에 알맞은 형태를 선택하면 된다는 사실도 깨달았다.

나의 일상을 있는 그대로 올리는 게 불편한 사람이라면 특정 주제를 중심으로 운영하는 콘셉트 계정을 추천한다. 또, 필자처럼 사진 찍는 것보다 글로 보여주는 게 편한 사람도 얼마든지 인스타그램에서 팔로워를 늘릴 수 있다는 희망을 가졌으면 한다.

(03) 기업/브랜드 계정

회사를 운영하거나 마케팅 직무의 사람들이 회사와 브랜드, 제품 관련 콘텐츠를 주로 업로드하는 계정이다. 일반적으로 잠재고객 확보를 목적으로 운영한다.

▲ 필자의 기업 계정 @bestar.kr

필자의 경우 강의 클래스 및 유튜브 라이브 방송 공지, 책 판매와 관련된 내용 등을 기업 계정에 업로드한다.

만약 필자와 같은 1인 기업이라면 ❶일상 계정만 운영할지 ❷기업 계정만 운영할지 ❸두 가지 다 운영해야 할지 고민이 될 것이다. 업종과 상황에 따라서 전략은 다르게 가져가야 하지만, 가능하면 일상 계정과 기업 계정을 둘 다 운영하는 것을 추천한다.

┌──── TIP ────┐
공지사항을 기업 계정에
올린 후 일상 계정에도
한 번 더 언급하면 더 많
은 사람들이 볼 수 있다.
└─────────────┘

이때 일상 계정은 주 계정, 기업 계정은 부계정이라고 생각하고 운영하는 것이 좋다. 고객들과의 소통은 주로 일상 계정에서 하고, 브랜드나 상품에 대한 정보만 받아보고자 하는 사람들은 기업 계정을 팔로우 하도록 유도해보자.

🔊 **잠깐만요** ⋮⋮⋮ **기업 계정과 일상 계정의 시너지 효과 활용하기**

▶ 서로의 프로필에 태그 되어있는 일상 계정과 기업 계정

기업 계정과 일상 계정을 함께 활용하면 더욱 효과적으로 '나'를 어필할 수 있다. 특히 디자이너와 같이 작업을 의뢰받는 분에게는 이 방법을 추천한다. 일상 계정에 작업 과정이나 비하인드 스토리, 그 외 소소한 일상을 보여주며 인간적인 매력을 강조하고, 기업 계정은 완성된 작업물만 업로드하여 일종의 포트폴리오 계정으로 사용해보자.

그리고 두 계정을 서로 오고 갈 수 있도록 프로필 소개란에 두 계정의 ID를 @ 태그로 연결해두자. 일상 계정을 팔로우하던 사람이 작업을 의뢰하고 싶다면 기업 계정의 작업물을 보고 판단할 수 있을 것이고, 기업 계정을 먼저 본 사람도 일상 계정으로 넘어가서 나의 일상과 성향, 취향을 살피다 보면 작업을 의뢰하고 싶은 마음이 들 수 있기 때문이다.

⓸ 포트폴리오 계정

최근 취업 시장에서 이력서에 SNS 주소를 기입하라는 경우가 늘고 있다. 특히 마케터나 유사 업종에 지원한다면 SNS를 잘 운영할수록 유리한 위치를 선점할 수 있다.

TIP

필자 또한 지난 몇 년간 마케팅 직무나 MD를 희망하는 취업준비생을 대상으로 포트폴리오용 인스타그램 계정을 운영하는 수업을 진행했다.

포트폴리오 계정은 콘셉트 계정으로 운영하는 것이 좋다. 핵심은 내가 가고자 하는 산업이나 직무와 연관된 주제를 콘셉트로 잡는 것이다. 패션 분야에서 일하고 싶다면 #데일리룩 계정을, F&B 시장을 희망한다면 #음식리뷰 계정을 만들어보자.

이때, 가능하면 분야를 좁히는 것이 계정을 키우는 데 유리하다. 예를 들어, #데일리룩보다 '키 164cm에 러블리한 옷을 주로 입는 사람의 데일리룩'이 좋고, #음식리뷰보다 #간식리뷰가, 그냥 #간식리뷰보다 #비건간식리뷰가 더 좋을 수 있다.

팔로워 수는 중요하지 않다

팔로워가 많든 적든 포트폴리오 계정은 취업 시장에서 플러스 요인이 된다. 물론 팔로워 수가 많다면 인스타그램 운영을 잘했다는 증거이기 때문에 좋은 포트폴리오가 될 수 있다. 하지만 팔로워 수가 많지 않아도 괜찮다. 해당 분야에 대한 관심으로 관련 콘텐츠를 꾸준히 만들었다면 긍정적인 인상을 줄 수 있기 때문이다. 그러니, 취업준비생이라면 내가 일하고 싶은 분야와 연관된 콘셉트 계정을 꼭 운영해보자. 그게 바로 여러분의 포트폴리오가 될 것이다.

검색되는 프로필 설정하기

많은 사람들이 인스타그램을 활용할 때 해시태그에만 집중한다. 물론 해시태그 검색을 통해 내 계정에 들어올 수 있기 때문에 해시태그를 잘 사용하는 것은 중요하다. 하지만 그보다 더 중요한 것이 있다. 일반 검색에서 내 계정이 바로 노출되는 것이다. 이를 위해 계정이 '잘' 검색되도록 인스타그램 프로필을 세팅해야한다. 어떻게 하면 내 계정을 인스타그램 검색 결과 상단에 노출시킬 수 있을까?

01 인스타그램 프로필 세팅이 중요한 이유

내 인스타그램 계정에 더 많은 사람들이 찾아오도록 할 수 있는 가장 효과적인 방법은 검색을 통한 노출이다. 사람들이 특정 키워드를 검색했을 때 내 계정이 검색 결과의 첫 페이지에 있다면, 더 나아가 최상단에 있다면, 클릭할 확률이 높아지기 때문이다.

인스타그램 프로필 세팅은 검색 결과에 직접적으로 영향을 준다. 실제로 검색 기능을 이용해보면 프로필의 중요성을 바로 알 수 있다. 인스타그램 하단의 돋보기 모양 아이콘(🔍)을 클릭해서 원하는 키워드를 검색해 보자. 가장 먼저 인기 탭에 검색 결과가 나오고, 우측 탭으로 넘어가면 계정, 오디오, 태그, 장소별 검색 결과를 확인할 수 있다.

TIP

인스타그램의 검색 결과는 계정, 오디오, 태그, 장소 네 종류로 분류된다. 인기 탭은 계정, 오디오, 태그, 장소 중 클릭률이 높았던 것들이 순서대로 나열되는 곳으로, 검색 키워드에 따라 보이는 순서가 달라진다.

키워드에 따라 달라지는 검색 결과

우선, 검색창에 '홍대맛집'이라고 검색해 보았다. 인기 탭에 #홍대맛집 해시태그 외에 홍대맛집 소개를 콘셉트로 하는 여러 개의 큐레이션 계정이 함께 보인다. 다양한 사람들의 후기가 궁금하다면 #홍대맛집 해시태그를 클릭해서 살펴보겠지만, 홍대맛집만 큐레이션 해 주는 계정 정보가 궁금하다면 검색된 계정 중 마음에 드는 프로필을 클릭해서 살펴볼 것이다.

▲ '홍대맛집' 키워드의 검색 결과   ▲ '퍼스널브랜딩' 키워드의 검색 결과

이번에는 키워드를 바꿔 인스타그램에서 '퍼스널 브랜딩 전문가'를 찾아보자. 검색창에 '퍼스널브랜딩'이라고 입력해 보면 해당 분야의 전문가를 찾는 수요가 많기 때문에 #퍼스널브랜딩 해시태그 결과보다 계정 정보들이 인기 탭 상단을 차지하고 있다.

이처럼 내가 어떤 분야의 퍼스널 브랜드로 활동하고 있다면 사람들이 특정 키워드를 검색했을 때 내 계정 정보가 인기 탭 상단에 노출되도록 미리 프로필을 세팅을 해 두어야 한다. 이때, 프로필 세팅의 핵심은 '이름'란에 있다.

(02) 검색되는 '이름' 세팅하기

키워드를 포함하자

'퍼스널 브랜딩'을 검색했을 때 계정 탭에 검색되는 인스타그램 계정에는 어떤 공통점이 있을까? 바로 이름란에 '퍼스널 브랜딩'이라는 키워드가 포함되어 있다는 점이다.

―――TIP―――
인스타그램 이름은 14일
안에 두 번만 변경할 수
있기 때문에 신중하게
설정해야한다.

이름란이라고 해서 반드시 내 이름 세 글자만 심플하게 들어가야하는 것은
아니다. 검색으로 노출되었으면 하는 키워드가 있다면 그 단어를 꼭 이름란
에 적어야 한다.

▲ 검색되고자 하는 키워드를 '이름'란에 넣은 프로필

필자는 인스타그램에서 '퍼스널 브랜딩'이라는 키워드를 검색했을 때 검색 결
과 상단에 노출되기 위해 이름 옆에 '퍼스널 브랜딩 전문가'라고 적어두었다.
강점코치 자격을 취득한 뒤에는 '강점코치' 키워드를 추가했다. 따라서 강점
코치를 검색했을 때도 인기 탭과 계정 탭 상단에 계정이 잘 노출되고 있다.

이처럼 알려지고자 하는 분야가 있다면 해당 키워드를 이름란에 꼭 같이 넣어
두자. 이 한 끗 차이로 나를 발견하는 사람들의 수가 월등히 많아질 수 있다.

영어와 한글을 함께 표기하자

영어로 된 닉네임이나 브랜드명을 사용할 때 이름란에 영어만 표기하는 경우가 있다. 영어권 사람들을 타겟으로 운영하는 계정이 아니라면 영문과 한글을 둘 다 적어두는 것이 좋다. 대부분의 사람들은 영문 브랜드라도 한글로 검색해 보기 때문이다.

▲ 영어 표기와 한글 표기를 함께 적은 프로필

필자는 뉴워커 커뮤니티 계정을 운영하고 있다. 공식 브랜드명은 'Neworker'라는 영어지만, 프로필의 이름란에는 '뉴워커'와 'Neworker' 두 가지 표기를 나란히 적어두었다. 이렇게 표기해두면 한글로 '뉴워커'를 검색했을 때와 영어로 'Neworker'를 검색했을 때 검색 결과에 내 계정이 모두 노출된다.

🔊 **잠깐만요 ⋯ 인스타그램의 '이름'과 '사용자 이름'**

인스타그램 프로필 편집 화면에 들어가면 '이름'과 '사용자 이름'란이 따로 있다. 이 둘의 차이는 무엇일까?

- **사용자 이름**은 계정 ID라고 생각하면 편하다. 영문과 숫자, 언더바(_)나 점(.)과 같은 특수문자로 구성되며, 로그인과 @ 계정 태그시 쓰인다. 계정의 고유한 ID이기 때문에 다른 사용자와 중복되면 안되며 기억하기 쉬운 영단어를 사용하는 것이 좋다. 또 특수문자를 많이 쓰면 사용자 이름을 기억하기 힘드니 주의하자.
- **이름**은 인스타그램 내에서 사용하는 닉네임이라고 보면 된다. 한글, 영문, 숫자, 특수문자 등 모든 문자를 섞어쓰는 것이 가능하며, 다른 사용자와 중복되어도 상관없다. 바로 이 '이름'이 계정 검색에 관여한다. 따라서, 적절한 키워드를 붙여 나를 잘 보여주는 이름(닉네임)을 설정하는 것이 중요하다.

첫인상을 좌우하는 프로필 작성하기

프로필을 적절하게 세팅하여 검색을 통해 내 계정까지 찾아오게 만들었다. 그렇다고 모든 사람들이 나를 팔로우하는 것은 아니다. 사람들은 프로필과 피드에 어떤 내용과 게시글이 있는지 살펴보고 팔로우를 결정한다. 새로운 사람들을 만났을 때 첫인사와 자기소개가 중요하듯, 인스타그램 프로필은 첫인상을 좌우하는 중요한 공간이다.

01 매력적인 소개글 작성하기

저는 이런 사람입니다

인스타그램 프로필의 소개란은 첫인상을 결정짓는 매우 중요한 역할을 한다. 나를 가장 잘 보여줄 수 있는 내용을 담아 소개글을 작성해보자. 내가 어떤 사람인지, 혹은 어떤 목적으로 인스타그램을 운영하고 있는지 명확하게 알려주는 것이 좋다. 즉, 내가 하는 일의 핵심 키워드가 무엇인지 생각하고 압축해서 적어야 한다.

현재 필자의 개인 계정 소개글은 다음과 같다.

> 좋아하는 일을 잘 하도록 돕는 강점브랜딩
> 잘하는 일로 영향력을 만드는 프로페셔널브랜딩을 합니다.

TIP
나를 대표할 만한 이력이나 성과를 적어도 좋다. 다만 경력과 이력을 나열하듯이 적어두면 전단지 광고처럼 보일수 있으니 대표적인 것을 한 두개 정도만 적어두도록 하자.

퍼스널 브랜딩 전문가로서 내가 하는 일이 무엇인지 한 문장으로 표현한 것이다. 이처럼 내가 하는 일이 명확하다면 핵심을 응축하여 짧게 한 문장으로 적어보자. 그 문장만 보고도 사람들이 내가 무슨 일을 하는 사람인지 알아볼 수 있어야 한다.

저는 이런 가치를 지향합니다

내가 하는 일이 정해지지 않았거나 모호한 경우에는 가치관이 드러나는 소개 글을 쓰는 것도 좋은 방법이다. 아래 글은 몇 년 전에 썼던 소개글이다.

> 마케팅과 브랜딩을 개인의 삶에 녹여내어 기회로 만들 수 있는 방법을 연구합니다.
> 좋아하는 일을, 좋아하는 사람들과 오래오래 지속하고 싶습니다.
> 빠르기보다 단단한 삶을 지향합니다.

'퍼스널 브랜딩'이라는 단어가 사람들에게 낯설었던 시절, '퍼스널 브랜딩하는 사람'이라고 쓰기보다 내가 하는 일을 조금 더 구체적으로 풀어서 설명하는 것이 더 적합하다고 판단했다. 거기에 내가 추구하는 삶의 가치를 덧붙였다. 내가 무슨 일을 하는 사람인지도 중요하지만, 어떤 것을 중요하게 여기는지를 드러내고 싶었다.

이러한 유형의 소개글은 진정성이 더욱 더 잘 드러나며 비슷한 가치를 추구하는 사람들을 조금 더 쉽게 만날 수 있다는 장점이 있다. 나의 계정을 스치듯 지나가는 수많은 사람 중, 나와 비슷한 생각과 가치관을 가진 사람이라면 나를 알아보고 팔로우할 확률이 높아질 것이다.

이 계정의 콘셉트는요...

만약 나를 드러내는 게 아직 두렵다면 내 취향이 담긴 콘셉트 계정을 운영해도 좋다. 이 경우엔 '나'보다는 '계정'에 대한 소개글을 적어보자. 이 계정의 콘셉트가 무엇인지, 어떤 주제의 게시글을 주로 올리는지 소개한다면 해당 콘셉트와 주제에 관심이 있는 사람들이 팔로우할 것이다.

▲ 필자가 운영하는 콘셉트 계정의 프로필

@brander.note 계정은 필자가 운영하는 콘셉트 계정으로, 브랜딩과 마케팅 혹은 비즈니스 책을 읽다가 기억하고 싶은 문장을 주로 업로드한다. 명확한 주제가 있는 계정이기 때문에 소개글 또한 나를 드러내기보다는 계정의 콘셉트과 관련하여 적어보았다. 만약 브랜딩, 마케팅, 비즈니스에 관심 있는 사람이라면 이 소개글만 보고도 내 계정의 콘셉트를 바로 이해할 수 있을 것이다.

┌─TIP─┐
소개글에는 해시태그를 최대 3개까지만 적는 것을 추천한다. 그 이상 적게 되면 글의 내용이 한 눈에 잘 들어오지 않기 때문이다.

이때, #마케팅공부 #문장수집노트와 같이 강조하고 싶은 내용은 #해시태그로 달아두는 것을 추천한다. 해시태그를 통해 계정에 유입될 확률은 낮지만, 파란색 글씨로 강조되기 때문에 사람들에게 주제를 명확하게 인지시킬 수 있다.

02 부계정 @ 태그하기

소개란에 소개글만 쓸 수 있는 것은 아니다. @ 계정 태그를 활용하여 소개란을 더욱 효과적으로 꾸며보자.

여러 개의 인스타그램 계정을 운영하고 있고, 서로의 계정을 연결해서 함께 알리고 싶다면 소개란에 내가 운영하는 다른 인스타그램 계정 주소를 태그하여 적을 수 있다. @ 태그를 하면 링크가 자동으로 연결되기 때문에 단 한 번의 터치로 부계정에 간단히 접근할 수 있다.

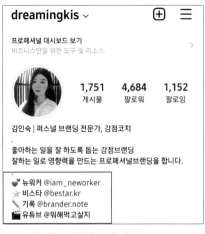

dreamingkis ⌄

프로페셔널 대시보드 보기
비즈니스만을 위한 도구 및 리소스   ›

1,751 게시물   **4,684** 팔로워   **1,152** 팔로잉

김인숙 | 퍼스널 브랜딩 전문가, 강점코치

좋아하는 일을 잘 하도록 돕는 강점브랜딩
잘하는 일로 영향력을 만드는 프로페셔널브랜딩을 합니다.

💕 뉴워커 @iam_neworker
⭐ 비스타 @bestar.kr
✒ 기록 @brander.note
🎬 유튜브 @뭐해먹고살지

▲ 부계정들을 소개란에 @ 태그한 프로필

필자의 경우 개인 계정에 회사 계정 @bestar.kr과 문장을 수집하는 시선노트 계정 @brander.note, 그리고 뉴워커 커뮤니티 계정 @iam_neworker을 함께 적어두었다. 그 덕분인지, 사람들이 개인 계정 @dreamingkis을 팔로우한 직후, 연달아서 회사 계정이나 뉴워커 계정을 같이 팔로우하는 경우가 종종 있다.

이처럼 여러 개의 계정을 함께 운영할 때, 서로 연결된 계정임을 @ 태그로 보여주면 효과적으로 나의 모든 채널을 알릴 수 있다.

(03) 웹사이트 하이퍼링크 걸기

TIP

하이퍼링크란?
문서 내의 특정 요소를 클릭했을 때 연결된 웹사이트로 이동하는 기능을 말한다. 대부분의 SNS의 경우, http://www. 과 같이 웹사이트 주소를 본문에 적고 클릭하면 자동으로 해당 웹사이트에 연결되는 하이퍼링크 기능을 제공한다.

SNS를 하는 사람들은 보통 하나의 SNS만 하지 않는다. 유튜브 채널을 운영하거나 다른 SNS를 병행하는 경우 SNS나 웹사이트, 유튜브 채널에 서로의 주소를 하이퍼링크(Hyperlink)로 연결하고, 자연스럽게 클릭을 유도하는 것이 좋다. 블로그를 구독하는 사람이 블로그에 적힌 유튜브 채널 주소를 타고 들어와 유튜브 구독자가 될 수 있고, 그 반대가 될 수도 있다.

하지만, 안타깝게도 인스타그램은 게시물 본문에 하이퍼링크가 연결되지 않는다. 다른 SNS와 구별되는 인스타그램만의 특징 중 하나이기도 하다. 대신, 프로필에 '웹사이트'란이 따로 마련되어있다. 이곳에는 단 하나의 주소를 하이퍼링크로 연결할 수 있다. 만약 인스타그램만 하고 있다면 웹사이트란을 공백으로 남겨도 된다. 하지만 블로그나 유튜브 등 다른 채널을 한 개 더 운영하고 있다면 꼭 적어주는 것을 추천한다.

웹사이트란의 주소는 횟수 제한없이 계속해서 바꿀 수 있다. 그러므로 상황에 따라 가장 중요도가 높은 주소로 바꿔가며 활용하는 것이 좋다. 예를 들어 현재 강의 프로그램을 진행하고 있다면 블로그 메인 홈으로 연결되는 주소보다는 강의를 안내하는 게시글 주소로 변경하여 홍보하는 것이 효과적이다. 유튜브 채널을 새롭게 개설하여 초기 구독자를 모아야 한다면 블로그 주소가 아닌 유튜브 채널 주소로 바꿔주면 된다. 사람들에게 알리고 싶은 특정 페이지 주소로 그때그때 바꿔주자.

여러 웹사이트를 한 번에 소개하고 싶다면

하나의 주소로 부족하다면 어떻게 해야할까? 운영하는 모든 채널을 다 홍보하고 싶다면 웹사이트란 하나로는 턱없이 부족하다. 인스타그램에는 해당 기능이 없지만, 별도의 서비스인 링크 페이지를 활용해서 해결할 수 있다. 대표적인 사이트로는 해외 서비스 링크트리(linktr.ee)와 국내 서비스 인포크링크(link.inpock.co.kr)가 있다.

▲ 인포크링크와 링크트리의 관리 페이지

인포크링크나 링크트리를 활용하면 여러 웹사이트 주소를 링크 리스트로 보기 좋게 정리한 하나의 모바일 페이지가 생성된다. 바로 이 모바일 페이지의 주소를 인스타그램 웹사이트란에 넣어주면 된다.

▶ **인포크링크 이용하여 링크 페이지 만들기**

1 인포크링크(link.inpock.co.kr) 홈페이지 우측 상단의 메뉴(≡)를 탭하여 회원가입을 한다.

2 회원가입을 끝내면 간단한 사용 설명이 나온다. 우측으로 넘겨가며 읽어본 뒤, 하단의 'NEW 인포크링크 시작하기'를 탭하여 링크 관리 페이지로 이동한다.

3 관리 페이지의 '+ 원하는 링크를 추가하세요'를 통해 다양한 웹사이트 주소를 등록할 수 있다. 탭하여 유튜브 채널 주소를 등록해보자.

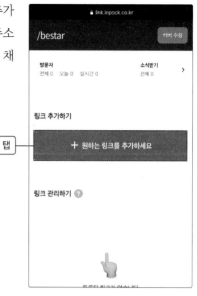

4 링크 추가하기 페이지에서 링크 이미지, 링크 이름, 링크 주소를 각각 입력한 뒤 하단의 '추가 완료'를 탭한다.

5 관리 페이지에 링크가 잘 등록된 것을 확인할 수 있다. 등록한 링크는 박스 모양의 버튼 형태로 추가된다. 3 ~ 4 과정을 반복하여 연결하고 싶은 모든 채널의 주소를 등록해보자.

6 모든 채널의 주소를 등록했다면 이제 는 링크 페이지로 이동해보자. 관리 페이지 상단의 계정 ID를 탭한다.

7 '기본 주소로 복사 완료' 팝업이 뜨면 내 링크 페이지 주소가 클립보드에 복사된다. '닫기'를 탭하여 나가서 주소를 공유해도 되고, '바로 확인하기'를 탭하여 링크 페이지를 확인할 수도 있다. 우선은 '바로 확인하기'를 탭하여 링크 페이지가 잘 만들어졌는지 확인해보자.

8 등록한 주소대로 링크 페이지가 잘 만들어졌는지 확인해보자. 각 링크 버튼을 탭하면 등록해둔 주소로 바로 연결된다.

87

필자는 인포크링크 페이지(link.inpock.co.kr/bestar)에 판매 중인 독립 출판물 구매 주소와 상세페이지로 연결되는 링크를 걸어두었다. 또 필자가 운영하는 모든 채널을 한눈에 볼 수 있도록 만들어 두었다.

링크 페이지를 만들 때 '카카오톡 채널'이라고 적기보다 '강의소식 놓치지않고 받아보기'라고 표기하는 것이 더 좋다. 사람들이 해당 링크를 클릭해야 하는 이유를 직관적으로 알려주기 때문이다. 해당 채널이 어떤 플랫폼인지는 링크 이미지를 통해 표현하는 것으로 충분하다.

인포크링크와 링크트리 모두 링크 통계를 제공한다. 각각의 링크 버튼을 몇 명이 클릭했는지 데이터로 확인할 수 있기 때문에 효율을 측정하기에도 좋다.

한 번 만들어둔 링크 페이지는 인스타그램뿐 아니라 나의 모든 온라인 채널 주소를 연결해 주는 허브 채널로 활용할 수 있다. 다른 SNS에서도 여러 주소를 복잡하게 적어두기보다, 링크 페이지 주소 하나만 심플하게 올려보자. 사람들이 나의 다양한 채널들을 오고 가는데 도움을 줄 것이다.

▲ 필자의 인포크링크 페이지

STEP 05 프로페셔널하게 계정 운영하기

인스타그램으로 퍼스널 브랜딩이나 비즈니스를 할 것이라면 꼭 설정해야 하는 기능이 있다. 바로 '프로페셔널 계정'으로 계정 설정을 변경해 주는 것이다.

01 프로페셔널 계정의 추가 기능 활용하기

인스타그램 계정을 개설하면 초기 세팅은 '개인 계정'으로 되어 있다. 물론 개인 계정도 인스타그램을 활용하는 데는 전혀 무리가 없지만, 필자는 인스타그램을 잘하고 싶다면 무조건 프로페셔널 계정으로 설정을 바꾼 뒤에 시작하라고 권한다. 프로페셔널 계정으로 전환해야지만 인스타그램이 프로페셔널 계정에만 제공하는 추가 기능을 사용할 수 있기 때문이다.

인사이트(통계)를 확인할 수 있다

인스타그램을 성장시키려면 수시로 인사이트를 보는 습관을 들이는 것이 중요하다. 어떤 게시물의 반응이 좋은지, 내 팔로워들은 주로 언제 접속을 하는지, 팔로워들의 연령대는 어떠한지 등을 파악해야 한다. 좋아요를 많이 받은 게시물, 댓글을 많이 받은 게시물, 저장 수가 많은 게시물의 특징이 각각 다르기 때문에 인사이트를 통해 어떤 게시물이 어떤 반응을 불러일으키는지를 연구하다 보면 자연스럽게 콘텐츠 기획 능력이 좋아질 것이다.

TIP

인사이트는 프로페셔널 계정으로 전환 후에 업로드한 게시물서만 확인이 가능하며, 개인 계정으로 전환하면 이전의 인사이트 자료는 사라진다.

유료 광고를 집행할 수 있다

인스타그램은 소액으로도 손쉽게 타겟팅 광고를 할 수 있는 장점이 있다. 인스타그램 게시물을 홍보하려면 프로페셔널 계정 설정은 필수다.

연락처 정보를 추가할 수 있다

전화나 이메일, 위치정보를 추가할 수 있다. 만약 노출을 원하지 않는다면 '연락처 정보 사용 안 함'으로 설정하면 된다.

페이스북 페이지와 연결이 가능하다

인스타그램 프로페셔널 계정을 페이스북 계정과 연동하면 고급 기능을 사용할 수 있다. 유료 광고를 진행할 때도 좀 더 세밀하게 설정을 할 수 있고, 인스타그램 게시물의 예약 발행도 가능하다.

⑫ 두 가지 계정 타입, 무엇을 선택해야 할까?

프로페셔널 계정은 '크리에이터 계정'과 '비즈니스 계정' 두 가지 타입이 있다. 현재까지는 두 계정의 기능이 크게 다르지 않아서 어떤 타입을 설정하든 동일한 기능을 활용할 수 있다. 하지만 추후 업데이트를 통해 차이가 생길 수도 있으니 자신에게 해당하는 타입으로 설정하는 것을 권한다.

아직 크리에이터도 아니고 사업자를 가지고 있는 것도 아니라서 망설이고 있다면 그냥 '크리에이터 계정'으로 전환하는 것을 추천한다. 인스타그램을 제대로 키우려면 인사이트를 보면서 감을 익히는 것은 필수이기 때문이다.

| 무작정 따라하기 | ▶ 프로페셔널 계정으로 전환하기 |

1 인스타그램의 우측 상단의 기능 아이콘(≡)을 탭하면 다양한 메뉴가 나온다. 그중 '설정' 메뉴를 탭한다.

2 설정 메뉴에서 '계정'을 탭한 후 하단의 '프로페셔널 계정으로 전환'을 탭
한다.

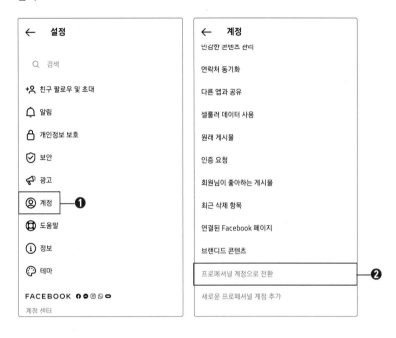

PART 01 SNS, 시작해볼까?

PART 02 인스타그램

PART 03 블로그

PART 04 유튜브

PART 05 SNS 마케팅&브랜딩

TIP

이때, 프로필에 카테고
리 표시 여부를 설정할
수 있다. 표시를 하든 안
하든 기능상에 차이는
없으니 편하게 선택하
면 된다.

3 '프로페셔널 도구 이용하기' 페이지에서 '계속'을 탭하면 카테고리를 선택
할 수 있다. 비즈니스를 하고 있다면 해당되는 분야를 선택하고, 인플루
언서라면 블로거나 디지털 크리에이터 등 알맞은 카테고리를 선택하면
된다.

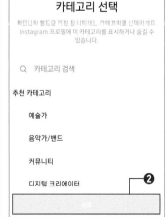

91

4 프로페셔널 계정은 '크리에이터 계정'과 '비즈니스 계정'으로 나뉜다. 기능상에 큰 차이는 없으나, 탐색 탭에서 비즈니스 계정과 크리에이터 계정을 분리해서 보여주므로 개인은 크리에이터 계정을, 기업은 비즈니스 계정을 선택하면 된다.

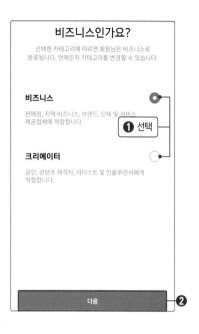

Place holder for Korean Instagram business/creator selection screen

─── **TIP** ───
연락처 정보를 입력하면 내 프로필 화면에 '연락처' 버튼이 생기고 정보가 노출된다.

5 다음으로 연락처 정보를 입력한다. 공개 가능한 연락처를 입력하거나 공개하고 싶지 않다면 '연락처 정보 사용 안 함'을 선택한다.

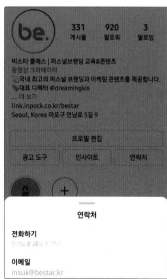

6 기본 설정이 끝나면 페이스북 연결 여부를 묻는 페이지가 나온다. 페이스북과 연동하면 인스타그램에 게시물을 올릴 때 페이스북에 동시 발행이 가능하고, 광고 집행 및 쇼핑 도구 등 고급 기능을 사용할 수 있게 된다.

7 이제 프로페셔널 계정으로 전환되어 인사이트와 홍보 기능을 활용할 수 있게 되었다. 메인 프로필 탭에 '광고 도구'와 '인사이트' 버튼이 추가된 것을 확인하고 탭 해보자.

TIP

인사이트는 기본적으로 최근 7일간의 통계를 볼 수 있도록 설정되어있다. 클릭을 통해 기간을 임의로 지정할 수도 있다. 만약 유료 광고를 집행한다면 광고 집행 결과 또한 인사이트 메뉴에서 확인할 수 있다.

8 '인사이트'를 탭하면 인스타그램에서 제공하는 데이터를 확인할 수 있다.

▲ 인스타그램의 '인사이트' 페이지   ▲ 인스타그램 게시물 인사이트 페이지

인사이트 보는 눈 기르기

인사이트는 도달한 계정과 콘텐츠 활동, 팔로워에 대한 다양한 데이터를 제공한다. 처음에는 이 자료들을 어떻게 활용해야할지 혼란스럽고 낯설 수 있다. 하지만 꾸준히 추이를 체크하고 확인하다보면 내 계정을 키우는데 아주 큰 도움이 될 것이다.

아래에 인사이트 데이터를 효과적으로 체크할 수 있는 질문들을 정리해 보았다. 질문에 답을 하며 인사이트 데이터를 보는 눈을 길러보자.

☑ 팔로워 관련 질문

· 내 팔로워는 주로 어느 국가, 어느 도시에 거주하고 있는 사람들인가요?
· 내 팔로워의 성비는 어떻게 되나요?
· 내 팔로워의 주요 연령층은 어떻게 되나요? 남성, 여성의 분포는 어떻게 다른가요?
· 내 팔로워들은 일주일 중 어떤 요일에 가장 많이 활동하나요?
· 내 팔로워들이 가장 활발하게 활동하는 시간대, 혹은 가장 활동이 적은 시간대는
  언제인가요?

☑ 도달률 관련 질문

· 내 게시물이 팔로워에게 도달한 비율 vs 팔로워가 아닌 사람에게 도달한 비율이
  어떻게 되나요?
· 노출량과 도달 수는 각각 어떻게 되나요?
· 프로필을 방문한 사람은 몇 명인가요?
· 웹사이트를 클릭한 횟수는 몇 번인가요?

☑ 콘텐츠 반응 질문

· 이번 주 게시물의 총 좋아요, 댓글, 저장 수는 어떻게 되나요?
· 반응률이 높았던 인기 게시물은 무엇이었나요?
· 스토리/릴스/동영상/라이브 중 가장 인기 있었던 게시물은 무엇이었나요?

TIP

인스타그램의 인사이트에는 도달과 노출 개념이 따로 나누어져 있다. 두 단어는 자칫 비슷하게 보여 헷갈릴 수 있다. '도달'은 게시물을 본 사람 수를 뜻하고, '노출'은 게시물을 본 횟수를 뜻한다. 예를 들어, 한 사람이 같은 게시물을 3번 보았다면 도달 1, 노출 3이 된다.

| 무작정 따라하기 | ▶ 인스타그램 게시물 홍보하기 |

TIP

게시물을 홍보한다고 해서 무조건 매출이 오르거나 팔로워 수가 오를 것이라고 기대해서는 안 된다. 홍보는 내 콘텐츠에 관심을 가질 만한 사람들에게 게시물을 노출해주는 기능일 뿐, 핵심은 콘텐츠 자체가 좋아야 한다는 것을 명심하자.

1 홍보하고 싶은 게시물 하단의 '게시물 홍보하기' 버튼을 탭한다.

95

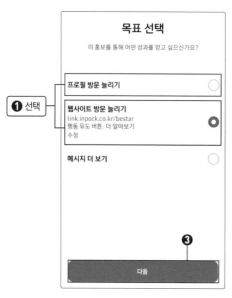

TIP

어떤 행동 유도 버튼을 선택하든 기능은 동일하며, 게시물 하단에 나타나는 문구만 달라진다.

2 목표 페이지에서 홍보 목표를 선택할 수 있다. 방문자들이 내 인스타그램 피드를 둘러보고 자연스럽게 팔로우하도록 하고 싶다면 '프로필 방문 늘리기'를 선택한다. 특정 웹사이트로 연결하고 싶다면 '웹사이트 방문 늘리기'를 탭하여 행동 유도 버튼을 선택할 수 있다.

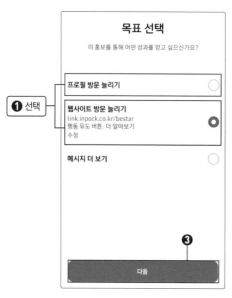

TIP

타겟을 만들면 예상 타겟 규모를 확인할 수 있다. 만약 너무 좁게 설정했다면 관심사 키워드를 늘리는 것이 좋고, 너무 넓게 분포되어 있다면 관심사나 연령대 등을 조금 더 뾰족하게 정의하는 것이 좋다.

3 다음으로 타겟을 설정해 보자. 팔로워 수가 많은 편이라면 '자동'을 선택하는 것도 좋다. 기존 팔로워들과 유사한 타입의 사람들을 찾아 알아서 노출시켜 주기 때문이다.

PART 01 SNS, 시작해볼까?

PART 02 인스타그램

PART 03 블로그

PART 04 유튜브

PART 05 SNS 마케팅&트렌드

TIP

인스타그램에서 권하는
일일 최소 예산은 5,000
원이다.

4 예산 및 기간 페이지에서는 며칠 동
안, 매일 얼마 정도의 금액을 사용할
것인지 설정할 수 있다. 필자는 6일
간 30,000원으로 설정한 후 '다음' 버
튼을 눌렀다.

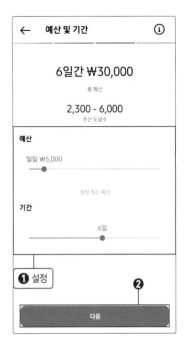

TIP

광고를 발행했다고 해서
바로 홍보가 진행되는 것
은 아니며 인스타그램에
서 검토 후 최대 24시간
이내에 승인된다.

5 마지막으로 지금까지 설정한 내용을
검토해보자. '광고 미리 보기'를 탭하
여 홍보물이 어떤 식으로 노출되는지
확인하고, 결제할 카드도 등록한 후
에 '게시물 홍보하기' 버튼을 누른다.

인스타그램 콘텐츠 기획하기

어떤 콘텐츠를 올려야 사람들이 좋아할까? 인스타그램 트렌드를 살펴보고, 핫하게 떠오르고 있는 콘텐츠들을 참고하여 사용자들의 눈길을 사로잡을 수 있는 나만의 콘텐츠를 기획해 보자.

01 인스타그램 트렌드 살펴보기

보정된 이미지보다 평범한 일상을

초기 인스타그램의 유저들은 완벽한 보정을 거친 이미지에 열광했다. 쉽게 찾아볼 수 없는 아름답고 특별한 풍경을 담았고, 비현실적인 보정을 거친 사진들은 하나의 작품처럼 보이기까지 했다.

> **TIP**
> 코로나19로 일상을 송두리째 뺏긴 지금, 나의 하루하루를 진솔하게 담아 사람들과 소통하는 것이 더욱 중요해졌다.

하지만 인스타그램이 일상에 가까워진 지금, 꾸미지 않은 평범한 일상을 공유하는 사람들이 늘어나고 있다. 화려함이나 독특함보다는 진정성과 스토리텔링의 중요성이 더욱 더 커지는 추세이다.

게시물 대신 스토리를

> **TIP**
> 인스타그램 스토리는 게시물과 달리 다양한 꾸미기 기능을 지원한다. 인스타그램 스토리를 올리는 방법은 102쪽에서 다룬다.

요즘 Z세대는 인스타그램 게시물보다 '스토리(Story)'를 더 열심히 올린다. 인스타그램 스토리는 24시간 뒤에 사라지는 게시물로, 일상 속 공유하고 싶은 순간을 가볍고 자유롭게 업로드 하기에 좋다. 홈 화면 상단에 나의 스토리와 내가 팔로우하는 사람들의 스토리가 원 모양의 리스트로 나타나며, 오른쪽으로 스와이프하여 손쉽게 넘겨볼 수 있다.

TIP

Z세대란?

1990년대 중반~2000년
대 초반 출생한 세대를
말하며, 디지털 환경에
서 자라왔기 때문에 디
지털 리터러시 능력이
뛰어나다. 콘텐츠 생산
및 공유에 익숙해 SNS
상에서 큰 영향력을 미
친다.

TIP

3박 4일 제주 여행 중,
스토리에는 수십 장의
사진을 올렸지만 피드
에는 단 4장의 게시물만
올렸다.

TIP

실제로 인스타그램 스토
리 기능이 등장한 후 피
드에 남아있는 게시물
업로드 빈도는 현저히
낮아졌다.

Z세대는 왜 게시물보다 스토리를 더 선호할까? 대학생들에게 '왜 게시물보다
스토리를 더 자주 활용하는지' 질문하니 다음과 같은 답변이 돌아왔다.

"게시물은 피드에 남잖아요. 그러니까 기록할 만한 가치가 있는 사진만 골라
서 업로드해요. 피드 콘셉트에 맞춰 고르는 것도 중요하고요. 반면에 스토리
는 24시간이 지나면 사라져서 부담 없이 소소한 내용을 업로드하기 편해요."

▶ 가볍게 일상을 공유할 수 있는 '인스타그램 스토리'

피드는 일상을 보관하는 공간으로

인스타그램 스토리로 가볍게 일상을 공유하면서, 피드는 기억하고 싶은 사진
과 글을 정돈해 업로드하는 공간으로 바뀌고 있다. 사진 앨범과 같은 기능을
수행하고 있는 것이다.

예전에는 친구들과 즐거운 시간을 보내는 순간을 인스타그램 게시물로 빠르
게 업로드했다면 이제 그러한 기능은 스토리가 담당한다. 게시물에는 여러
장의 사진 중 피드에 남기고 싶은 사진이나 다른 사람에게 보여주고 싶은 사
진만 골라서 올린다. 즉, 인스타그램 피드는 추억을 기록하고 보관하는 앨범
인 동시에 내가 어떤 사람인지를 드러내는 공간인 것이다.

인스타그램에 노트 기능이 새로 생겼다. 인스타그램 스토리 기능의 텍스트 버전이라고 이해하면 쉽다. 최대 60자의 문장을 짧게 메모로 남길 수 있고, 24시간이 지나면 사라진다.

노트는 '맞팔로우 중인 사람'이나 '친한 친구로 설정한 특정 계정'에게만 노출된다. 인스타그램 스토리는 나를 팔로우 한 사람 모두가 확인할 수 있는 반면, 노트는 조금 더 관계가 있는 사람들에게만 노출된다는 점이 특징이다.

친구의 노트에는 DM으로 답변 메시지를 보낼 수 있다. 친한 친구들과 함께 사용하는 메모판이라고 생각하고 자유롭게 일상을 공유해 보자.

숏폼 영상의 유행에 올라타라

숏폼 영상이 대세다. 최근 사람들이 짧은 영상을 즐겨보기 시작하며, 인스타그램도 대세에 따라 '릴스'라는 기능을 출시했다. 그리고 더 나아가, 릴스를 적극적으로 밀어주기 시작했다.

인스타그램 앱에서 오른쪽 엄지손가락이 가장 잘 닿는 중요한 위치에 릴스 버튼이 배치되어 있으며, 일반 영상보다 릴스 영상을 업로드 했을 때 더 많은 사람들에게 노출될 확률이 높다. 따라서 인스타그램 계정을 적극적으로 키우고 싶다면 무조건 릴스를 하는 것이 좋다.

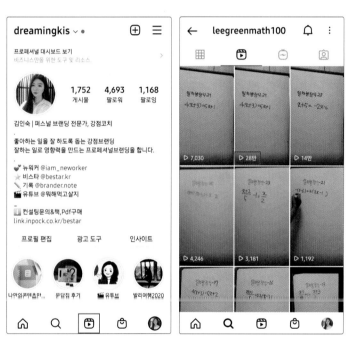

▲ 인스타그램의 릴스 버튼과 릴스를 활용한 사례 @leegreenmath100

유튜브에 영상을 꾸준히 올렸는데도 큰 성과를 내지 못했다면 차라리 숏폼 영상을 촬영하여 릴스에 도전하는 것을 추천한다. 틱톡의 발랄함이 부담스럽고 유튜브의 긴 영상을 만드는 데 버거움을 느꼈다면 릴스가 최선의 선택지이기 때문이다.

▶ **인스타그램 스토리 올리기**

1 인스타그램 우측 상단의 ⊕아이콘을 탭하면 게시물을 업로드할 수 있는 다양한 메뉴가 보인다. 이 중 '스토리'를 탭한다.

2 앨범에 찍어둔 사진을 업로드하거나 바로 카메라로 사진을 촬영할 수도 있다. 업로드할 사진이 정해지면 스토리를 꾸밀 수 있는 메뉴가 상단에 나타난다. 사진만 올리기보다는 스토리 기능을 활용하여 글씨나 아이콘을 넣어 꾸며보자.

3  을 탭하면 글씨를 적을 수 있다. 지금 이 사진이 어떤 장면인지 설명하는 문구를 짧게 남겨보자.

4 을 탭하면 다양한 기능들을 활용할 수 있다. 대표적으로 사용되는 기능은 태그 기능이다. 사진을 찍은 장소가 어디인지를 남기려면 위치 를 탭하여 위치 태그를 지정하고, 함께 찍은 사람이 있다면 @언급 을 활용하여 그 사람의 계정을 입력하여 태그해준다.

TIP

제품을 판매하는 경우, 이 기능을 적극적으로 활용하여 제품을 홍보해보자. 또, 하이라이트 기능을 활용하면 지금까지 내가 올린 스토리 중 같은 주제의 스토리들을 묶어 프로필에 올려둘 수 있어 고객 후기를 모아 제품을 홍보할 수 있다.

5 @언급 을 사용하면 태그된 사람에게도 알람이 전달된다. 태그된 상대방은 '스토리에 추가' 버튼을 탭하여 내가 올린 스토리를 자신의 스토리에도 공유할 수 있다.

TIP

인스타그램 게시물의 댓글은 아이디와 계정이 그대로 드러나는 공개적인 공간이지만 스토리를 통한 답변은 계정이 공개되지 않아 부담이 적어 팔로워들의 더욱 적극적인 참여를 이끌어낼 수 있다.

6 인스타그램 스토리로 팔로워들과 적극적으로 소통할 수도 있다. 😀을 클릭해서 나오는 메뉴 중 '질문, 설문, 퀴즈'와 같은 기능을 활용하면 된다. 해당 기능을 통해 들어오는 답변은 나에게만 직접적으로 전달되기 때문에 팔로워들과 1:1 소통이 가능하다.

7 82쪽에서 언급했듯, 인스타그램 게시글 본문에는 하이퍼링크가 연결되지 않는다. 이때, 스토리의 '링크 태그' 기능을 사용하면 된다. 링크와 관련 이미지를 준비하고 🙂을 탭하여 🔗링크를 선택한다.

8 링크 추가 페이지에 태그 클릭 시 연결될 웹사이트의 주소를 입력한 후 '완료'를 탭한다. 생성된 링크 태그 스티커를 클릭하면 앞서 입력했던 주소로 연결된다. '받는 사람' 버튼을 탭하고 '내 스토리' 우측의 '공유' 버튼을 탭하면 스토리를 공유하고 싶은 사람을 정할 수 있다.

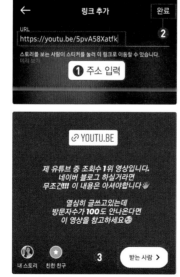

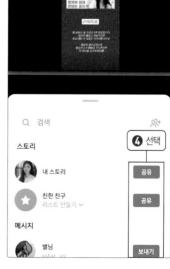

02 새로운 유형의 콘텐츠 참고하기

앞서 살펴본 인스타그램 트렌드에 맞춰 저마다 개성있고 매력적인 콘텐츠를 기획할 수 있다. 만약 적당한 콘텐츠가 떠오르지 않는다면, 요즘 유행하는 새로운 포맷의 콘텐츠들을 참고하는 것도 방법이다.

이야기가 있는 일상

인스타그램은 '완벽한 순간을 포착한 이미지'가 아니라 '평범한 일상'을 공유하는 SNS로 변화하고 있다. 평범한 일상에 스토리텔링을 함께 담아보는 것은 어떨까? 사진과 일상에 이야기를 담으면 나의 감성과 매력을 더욱 효과적으로 보여줄 수 있다.

내가 지금 업로드하는 장소가 어디인지만 남길 것이 아니라, 왜 이곳에 왔는지, 누구와 왔는지, 이곳에서 어떤 감정을 느꼈는지 상세하게 기록하는 것이 좋다. 인스타그램은 사진을 감상하는 공간이 아니라 사진 너머의 사람과 소통하는 공간임을 명심하자.

🔊 **잠깐만요** ⋮⋮⋮ **캐러셀 형식으로 여러 장의 사진 업로드하기**

▲ 캐러셀 형식으로 여러 장의 사진을 업로드한 게시물

나의 일상을 스토리텔링 형식으로 풀어내기 위해서는 여러 장의 사진을 업로드하는 것이 더 효과적이다. 인스타그램 게시물은 최대 10장의 사진을 캐러셀 형식으로 업로드할 수 있다. 사진의 개수와 순서를 알려주는 원 아이콘이 생기며, 좌우로 스와이프하여 순서대로 사진을 확인할 수 있다. 팔로워들이 사진을 순서대로 한 장씩 넘겨보면서 상황에 자연스럽게 이입할 수 있도록 사진을 배치하고 이야기를 담아보자. 더 많은 공감과 반응을 이끌어낼 수 있을 것이다.

글스타그램

인스타그램은 이미지가 중심인 SNS이기 때문에 사진을 업로드하지 않으면 글을 쓸 수가 없다. 감각적인 사진과 짧은 글귀가 인스타그램 게시물의 정석처럼 여겨졌지만, 이제는 꼭 그렇지만도 않다. 감각적인 사진 대신 글귀를 공유하는 계정이 늘고 있기 때문이다.

▲ #글귀와 #글스타그램 해시태그 검색 결과

인스타그램에서 #글귀와 #글스타그램 해시태그를 검색해보았다. #글귀의 경우 게시물 수가 391만개, #글스타그램은 310만개나 검색이 된다. 그만큼 글을 나누고 글로 소통하는 사람들이 늘고있다는 증거다.

만약 사진 찍기에 자신이 없거나 얼굴을 공개하고 싶지 않다면, #글스타그램에 도전해 보는 것은 어떨까? 사람들과 공유하고 싶은 메시지를 손글씨로 써서 촬영하거나 이미지 형태로 만들어 업로드하는 것을 추천한다.

인스타툰

인스타그램 안에서 사진이 아닌 이야기가 공유되기 시작하면서 '인스타툰' 시장도 커지고 있다. 인스타툰은 인스타그램 안에서 연재하는 웹툰이다. 105쪽에서 설명한 캐러셀 형태로 한 컷 한 컷을 넘겨가며 보는 것이 특징이다.

인스타그램에서 연재를 시작하여 책과 웹드라마까지 제작된 '며느라기'가 대표적인 인스타툰의 예다. 이제 인스타툰은 고유 창작물로서 가치를 인정받는 시대가 되었다.

▲ #인스타툰 해시태그 검색 결과

'며느라기'와 같이 고유의 스토리를 창작하여 연재하는 웹툰도 있지만, 자신의 일상을 그림일기처럼 기록하거나 그림을 활용하여 메시지를 전달하는 인스타그램 계정도 끊임없이 생겨나고 있으며 반응도 좋은 편이다.

그림을 꼭 잘 그리지 않더라도 괜찮다. 내 생각과 일상을 그림으로 표현할 수만 있다면, 나의 이야기와 매력을 '그림'이라는 직관적인 형태로 전달해보자.

(03) 중요한 게시물은 피드 상단에 고정하기

인스타그램의 게시물은 최신순으로 정렬된다. 그러다 보니 반복적으로 사람들에게 공지하고 싶은 내용이 있다면 번거롭더라도 하이라이트 기능을 이용하는 것이 최선이었다. 이를 보완하기 위해 최근, 특정 게시물을 프로필 페이지 상단에 고정할 수 있는 기능이 생겼으니 유용하게 활용해 보자. 기존에 작성해둔 게시물을 상단에 고정해도 좋지만, 별도로 상단 고정용 콘텐츠를 만들어서 활용해도 좋다.

피드 상단에는 게시물을 최대 3개까지 고정할 수 있으며, 언제든 고정 취소를 할 수 있고 새로운 게시물을 고정하면 가장 먼저 고정해둔 게시물부터 삭제된다.

무작정 따라하기 ▶ **인스타그램 피드 상단에 게시물 고정하기**

1 내 프로필 피드 상단에 고정할 게시물을 선택한 뒤, 오른쪽 상단의 설정 아이콘을 탭한다.

2 다양한 설정 메뉴 중 '내 프로필에 고 정'을 탭한다.

TIP

이때, 피드 고정 기능을 먼저 사용한 게시물이 우측으로 밀린다는 사실을 기억하자. 즉, 피드에서 가장 먼저 보여주고 싶은 게시물이 있다면 두 개의 게시물을 먼저 고정한 뒤 제일 마지막에 고정하는 것이 좋다.

3 내 프로필 페이지의 최상단에 해당 게 시물이 고정된 것을 확인할 수 있다. 이와 같은 방법으로 상단에 고정할 게 시물을 2개 더 골라보자. 필자는 독립 출판물을 비롯하여 3권의 책을 상단에 고정시켰다.

STEP 07 인스타그램의 꽃, #해시태그

인스타그램하면 #해시태그가 떠오른다. 해시태그만 잘 활용해도 내 계정에 유입되는 사람들의 수가 비약적으로 늘어나며, 인스타그램 '인싸'에 한 발짝 다가갈 수 있다. 여기서는 해시태그란 무엇이며 어떤 특징이 있는지 살펴보고 더욱 효과적으로 활용해보자.

01 #해시태그란 무엇일까?

해시태그는 인스타그램에서 사용하는 대표적인 태그로 # 기호 + 키워드가 조합된 형태이다. 해시태그를 입력하기 위한 별도의 공간이 있는 것은 아니며, 글을 작성하다가 # 기호 + 키워드를 입력하면 자동으로 해시태그로 인식된다.

> **dreamingkis** #브랜드개발
>
> 브랜드 개발과 네이밍 작업은 언제 켜질지 모르는 불빛을 켜기 위해 부단히 노력하는 시간의 결과물인 듯 하다. 터치 한번이면 반짝 켜지는 전구처럼, ppt를 키면 아이디어가 번쩍 떠올랐으면 좋겠다.
>
> 정말 하고싶던 일을 할 수 있어서 행복한 요즘.
> 주말을 반납해도, 밤새 일해도 재밌다.
>
> 마케팅도 좋아하지만 지금은 브랜딩이 더 즐겁고 더 큰 보람을 느낀다. 가치를 발견하고 의미를 부여해 주는 일, 너무 멋진 일 아닌가!
>
> 퍼스널 브랜딩만 재밌는줄 알았는 제품브랜딩도 너무 재밌다. 사람이건 기업이건 상품이건 그 자체로 빛날 수 있는 멋진 컨셉과 스토리를 찾아주는 사람이 되어야지
>
> #브랜딩 #브랜더 #브랜드컨설턴트 #네이미스트
> 댓글 9개 모두 보기
> 9월 6일

▲ 인스타그램 #해시태그의 예시

해시태그는 검색 기능 외에도 특정 키워드를 강조하는 용도로 활용할 수 있다. 해시태그로 인식되면 글씨가 굵어지고 파란색으로 바뀌기 때문에 강조하고 싶은 내용이 있을 때 해시태그를 사용하면 효과적이다.

111

해시태그는 띄어쓰기를 인정하지 않는다. #인스타그램 마케팅이라고 입력하면 # 기호에 붙어있는 '인스타그램'만 해시태그로 인식이 되고 '마케팅'은 해시태그로 인식이 되지 않는다. 이런 경우, #인스타그램마케팅이라고 붙여서 쓰거나, 띄어쓰기를 꼭 하고 싶다면 #인스타그램_마케팅_잘하고싶다와 같이 _ (언더바)를 넣으면 된다.

⑿ 어떤 해시태그를 사용해야 할까?

해시태그의 가장 대표적인 기능은 검색이다. 해시태그를 클릭하면 동일한 해시태그를 사용한 게시물들만 모아서 볼 수 있다. 내 게시물을 많은 사람들에게 노출시키려면 해시태그 사용은 필수며, 어떤 해시태그를 사용하는지에 따라 마케팅 성과가 달라지기 때문에 많은 연구가 필요하다.

너무 흔한 해시태그는 NO!

그렇다면, 어떤 해시태그를 사용해야 검색이 잘 될까? #일상 #선팔 #맞팔과 같은 '많이 사용되는 해시태그'를 사용하면 검색량이 많기 때문에 내 게시글의 노출량도 많아질 것이라고 생각할 수 있는데, 이는 계정을 활성화시키는 데 전혀 도움이 되지 않는다.

▲ #일상 해시태그의 검색 결과

#일상 해시태그를 검색해보면 무려 2.5억 개의 게시물이 나온다. 너무 많은 사람들이 사용하기 때문에 내 게시물이 인기 게시물에 노출될 확률도 적고, 최신 게시물 순서에서도 빠르게 뒤로 밀리기 때문에 전혀 의미가 없는 태그다.

#선팔이나 #맞팔과 같은 태그는 일명 '품앗이'를 위해 사용되는 태그다. 일시적으로 팔로워 수가 증가할 수는 있으나, 관심 분야의 콘텐츠를 올리는 사람이 아니라면 이후 교류가 끊길 가능성이 높다. 이럴 경우 계정 활성화 지표에 오히려 악영향을 줄 수 있으니 주의하자.

(03) 나에게 맞는 해시태그는 무엇일까?

하나의 게시물에는 최대 30개의 해시태그를 입력할 수 있다. 하지만 꼭 30개를 채울 필요는 없다. 억지로 30개를 채우려고 하다 보면 연관성이 떨어지는 해시태그가 들어갈 수밖에 없기 때문이다.

노출이 잘 되는 해시태그의 개수가 정해져있진 않으나, 통상적으로 7~15개의 해시태그면 충분하다고 여겨진다. 즉, 하나의 사진을 업로드 할 때 최소 7~15개의 연관된 해시태그를 연상할 수 있어야 한다.

실전! 해시태그 연상해보기

처음에는 해시태그 연상이 어려울 수 있다. 필자의 예시를 참고하여 차근차근 실전 연습을 해보자.

<나만의 콘텐츠 만들기>라는 독립출판물을 홍보하는 사진을 올린다고 가정하고, 사용 가능한 해시태그를 떠올려보자. 이때, 해시태그의 종류를 5가지로 분류하여 생각하면 연상이 쉬워진다.

▲ <나만의 콘텐츠 만들기> 독립출판물

- **제품명 태그 :** #나만의콘텐츠만들기 #비스타북스 #김인숙

  제품의 이름 혹은 제품을 판매하는 회사나 브랜드의 이름을 태그로 적는다. 특정 제품이나 브랜드 리뷰가 궁금한 사람들에게 노출될 것이다.

- **카테고리 태그 :** #독립출판 #북스타그램 #워크북 #퍼스널브랜딩

  제품이 포함된 카테고리를 태그로 적는다. 내 제품을 콕 짚어 궁금해하는 사람들 외에 독립출판물이나 책을 검색하는 모두에게 노출될 수 있다.

- **위치 태그 :** #페이지연남 #사무실 #작업실 #연남동 #홍대입구3번출구

  모든 사진은 특정 위치를 담고 있다. 사진을 찍은 장소를 태그로 적어보자. 이때 특정 위치명 뿐만 아니라 조금 더 넓은 범위의 키워드를 함께 적어두는 게 좋다. 대표적인 위치 태그는 지역명과 지하철역이며, 지하철역 출구 번호까지 함께 적을 수도 있다.

- **사람 태그 :** #프리랜서 #1인기업 #인디펜던트워커 #프리워커 #뉴워커

  사진을 업로드한 나 자신을 지칭하는 키워드나 관심 있어 할 만한 타겟을 지칭하는 단어를 태그로 사용해보자. 육아 게시물의 경우 #닭띠맘 #용띠맘 과 같이 아이의 띠를 언급하거나 #생후3개월 #15개월아기와 같이 아이 개월수를 같이 적는 경우가 많다. 이런 세부 키워드는 상업적으로 사용되는 경우가 적기 때문에 고객을 발굴할 때에도 찾아보면 도움이 된다.

- **시의성 태그 :** #불금 #비오는날 #휴가중

  지금 이 순간 자체를 해시태그에 담아보자. 계절과 날씨, 요일이 대표적인 시의성 태그. 대학생 대상의 콘텐츠라면 #여름방학, 직장인 대상의 콘텐츠라면 #휴가중과 같은 태그를 추천한다. 비슷한 상황에 놓여있는 사람들에게 노출될 가능성이 높기 때문에 공감과 친밀감을 이끌어낼 수 있다. 일상을 공유하는 인스타그램의 취지에도 잘 맞는다.

이처럼, 하나의 사진을 올릴 때 사용할 수 있는 해시태그는 무궁무진하다. 어떤 해시태그를 사용해야 할지 모르겠다면 5가지 항목을 적어두고 하나씩 채워 나가보자. 나의 계정과 게시물에 꼭 맞는 해시태그를 찾을 수 있을 것이다.

04 인기 해시태그 참고하기

스스로 생각해낸 해시태그만으로 충분하지 않다고 느껴질 수 있다. 이때는 다른 사람들이 어떤 해시태그를 사용하는지 찾아보는 것이 도움이 된다. 가장 쉬운 방법은 인기 게시물에서 많이 사용하는 해시태그를 살펴보는 것이다. 내가 탐색하고자 하는 주제의 키워드를 #해시태그로 검색창에 입력해보자. 인기 게시물 탭에서 팔로워 수가 많은 계정이나 좋아요 수가 많은 게시물을 찾아서 클릭하면 내가 검색한 해시태그와 함께 사용된 다른 해시태그들이 있을 것이다. 이 해시태그를 참고하면 된다.

해시태그 분석 사이트 사용하기

인기 해시태그를 일일이 찾아보는 게 번거롭다면 해시태그 데이터를 손쉽게 확인할 수 있는 사이트가 있다. 바로 '미디언스(mediance.co.kr)'라는 사이트다. 관심있는 해시태그의 통계 데이터를 확인하는 것은 물론, 연관 태그를 조회하여 내 게시물에 활용할 수도 있다.

🔊 잠깐만요 ··· 미디언스 연관 태그 활용하기

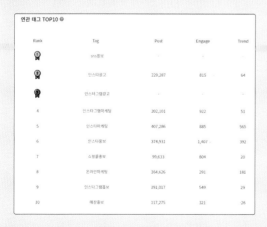

연관 태그 TOP10				
Rank	Tag	Post	Engage	Trend
🥇	sns홍보			
🥈	인스타광고	229,287	815	64
🥉	인스타그램광고			
4	인스타그램마케팅	202,101	922	51
5	인스타마케팅	407,286	885	565
6	인스타홍보	374,931	1,407	392
7	쇼핑몰홍보	99,633	804	20
8	온라인마케팅	164,626	291	181
9	인스타그램홍보	191,017	549	29
10	매장홍보	117,275	321	26

미디언스를 통해 조회한 연관 태그를 어떻게 활용하면 효과적일까? 예를 들어, #SNS 마케팅을 검색해보자. #SNS 마케팅의 연관 태그에는 #SNS홍보 #인스타광고 #인스타그램광고 #인스타그램마케팅이 많이 사용되었음을 알 수 있다.

이때, 무조건 인기 있는 태그만 사용하는 것보다 사용량이 많은 태그와 적은 태그를 적절히 섞어서 사용하는 것이 좋다. 인기 있는 태그는 그만큼 사용자도 많기 때문에 인기 게시물에 올라갈 확률이 줄어들기 때문이다. 사용량이 적은 태그는 인기도는 낮지만, 나의 게시글이 인기 게시물 상단에 노출되어 오히려 더 많은 유입을 이끌어낼 수 있다.

인스타그램의
다양한 태그 활용하기

인스타그램에는 #해시태그 말고도 다양한 종류의 태그 기능이 있다. 태그는 클릭을 하면 하이퍼링크 기능이 활성화되면서 특정 페이지로 넘어가는 기능으로, 종류와 목적에 따라 크게 4가지로 나뉜다. 네 가지 태그 기능을 활용하여 인스타그램 게시물을 작성해보자.

01 사람 태그

사람 태그는 특정 계정으로 연결해주는 태그다. @ 기호 + 계정 ID 조합으로, 사진과 본문에 모두 적용이 가능하다.

본문에 사람 태그를 넣고 싶다면 @dreamingkis와 같이 @ 기호와 계정 ID를 적기만 하면 자동으로 계정과 연결된다. 만약 이미지에 사람 태그를 넣고 싶다면 게시물을 업로드 할 때 별도의 과정을 거쳐야한다.

> **무작정 따라하기** ▶ **인스타그램 게시물에 사람 태그하기**

1 인스타그램 게시물 올리기 버튼을 탭하여 사진을 선택한 후, 새 게시물 페이지로 들어온다. 사진과 문구 입력란 아래의 '사람 태그하기'를 탭한다.

┌─────TIP─────┐

사람을 태그하는 기능
이기 때문에 사진 속에
서 태그하고자 하는 계
정의 주인이 있는 부분
을 탭하여 위치를 지정
해주면 좋다.

└─────────────┘

2 사진이 확대되어 나타나면 태그할 위
치를 선택하여 탭한다. 태그하려는 계
정의 ID를 검색하여 선택한다.

┌─────TIP─────┐

한 사진에 여러 개의 사
람 태그를 사용할 수 있
다. 사람 태그를 지정하
지 않은 빈 공간을 클릭
하여 같은 방법으로 계
정을 검색하고 선택하
면 된다.

└─────────────┘

3 사진 위에 선택한 계정의 사람 태그가
생성되었다. 사람 태그는 탭한 상태로
움직여서 위치를 변경할 수도 있고,
한번 더 탭하면 나오는 X 버튼을 눌러
서 삭제도 가능하다. 태그를 마쳤다면
'완료' 버튼을 탭한다.

4 새 게시물 페이지에서 사람 태그가 적
용된 것을 확인할 수 있다. '공유'를
탭하여 게시물을 업로드한다.

117

5 업로드한 게시물의 사진을 탭하면 지정한 위치에 사람 태그가 나오고, 태그를 탭하면 연결된 계정으로 손쉽게 이동할 수 있다.

브랜드 계정도 태그해보자

사람 태그는 사람 뿐만 아니라 브랜드 계정을 언급하는 데도 많이 사용된다. 새로 구입한 제품의 사진을 찍어 올릴 때, 해당 브랜드의 공식 인스타그램 계정을 태그해보자. 특정 계정을 태그하면 태그가 된 계정에도 알람이 가기 때문에 내가 올린 리뷰를 해당 브랜드 SNS 담당자가 확인하게 된다. 이를 통해 브랜드의 협찬을 받는 경우도 있다.

브랜드 제품을 홍보하기 위해 인스타그램 체험단이나 이벤트를 운영하는 경우, 협찬 대상을 탐색하는 과정에서 평소에 우리 제품을 구매하고 인스타그램에 게시물 업로드까지 해준 소비자가 있다면 우선적으로 고려하는 것이 당연하다. 그러니, 내가 좋아하는 브랜드의 리뷰를 올릴 때에는 공식 인스타그램 ID를 꼭 같이 태그하여 내 계정의 존재를 알려보자.

반대로 내가 홍보할 제품이나 브랜드가 있는 경우, 소비자들에게 우리 제품을 리뷰할 때 브랜드 계정을 태그해 달라고 안내하는 것이 좋다. 소비자가 태그하여 올려준 게시물을 통해 브랜드 자체를 홍보할 수도 있고, 태그를 클릭하여 새로운 사람들이 유입될 수도 있다.

(02) 위치 태그

위치 태그는 게시물을 업로드 할 때 사진 속의 위치를 알려주는 태그다. # 기호나 @ 기호 같은 별도의 특수문자를 사용하지 않고, 게시물을 업로드할 때 '위치추가' 기능을 통해서만 입력할 수 있다.

▲ 위치 태그 입력 페이지와 위치 태그가 입력된 게시물

─────TIP─────
위치 태그를 만들어두면 공간을 방문하는 손님들이 게시물을 업로드 할 때도 우리 브랜드명이 쓰여있는 위치 태그를 이용할 수 있다. 위치 태그를 만드는 방법은 120쪽에서 설명한다.

핸드폰 GPS 기능을 활성화해 두었다면 현재 내가 있는 위치가 자동으로 인식된다. 필자의 사무실은 마포구 연남동에 위치하고 있는데, 위치 태그를 켜면 연남동, 홍대입구역, 연트럴파크, 경의선숲길과 같은 태그들이 보인다. 이중 마음에 드는 태그를 선택하면 게시물 상단에 위치 태그가 설정된다.

만약 오프라인 공간을 운영하고 있다면 지역명이나 역 이름보다 내가 운영하는 공간이나 브랜드 이름을 위치 태그로 지정하는 게 좋다. 위치 태그는 인스타그램 검색 메뉴에서 '장소'라는 분류로 노출되기 때문에 공간과 브랜드를 홍보하는데도 효과적이기 때문이다. 따라서 오프라인 공간을 운영한다면 별도의 우리 브랜드 위치 태그를 만들어 활용해보자.

위치 태그를 만드는 방법은 조금 번거롭다. 인스타그램 내에서 만들 수 없고 페이스북에서 만들어야 하기 때문이다. 또 위치 태그를 만들 때는 반드시 해당 장소에서 진행해야 한다.

▶ 페이스북으로 위치 태그 만들기

TIP

이 과정을 따라하려면
페이스북 앱을 설치하
고 회원으로 가입하자.

1 페이스북 앱을 켜서 접속한다.

2 글쓰기 기능을 클릭하면 하단 메뉴에 '체크인' 아이콘이 보인다. 체크인을 탭하자.

3 '위치 추가' 페이지에서 내가 만들 위치 태그(공간)의 이름을 입력한다. 필자는 사무실 이름인 '페이지 연남'을 입력해 보았다.

4 기존에 만들어둔 위치 태그가 없으므로 '근처 장소를 찾을 수 없음'이라고 나온다. '+ 페이지연남 추가...'를 탭한다.

5 맞춤 장소 만들기 페이지로 넘어갔다. 장소 이름과 주소, 도시명을 입력한 후 '맞춤 장소 저장' 버튼을 탭한다.

6 게시물 만들기 페이지로 다시 넘어와서 이름 옆에 '-페이지연남에서'라는 위치 태그가 생겼는지 확인한 후 '게시' 버튼을 누른다.

7 이제 내 장소의 위치 태그가 만들어졌다. 인스타그램에는 1~2일 이후에 업데이트되어 사용할 수 있다.

㉛ 쇼핑 태그(제품 태그)

판매하는 제품이 있는 경우 쇼핑 태그 기능을 활용할 수 있다. 쇼핑 태그 기능은 누구나 사용할 수 있는 것이 아니라 제품과 제품 태그를 연결할 판매 사이트가 있어야하며, 인스타그램의 승인을 거쳐서 활성화된다. 쇼핑 태그가 활성화된다면 게시물을 업로드 할 때 '제품 태그하기' 기능을 클릭하여 사진에 제품을 태그할 수 있다.

━━━━TIP━━━━
자극적이거나 유해한 상품군은 인스타그램 측에서 승인을 거절할 수 있으니 주의하자.

쇼핑 태그가 있는 게시물에는 사진 좌측 하단에 '제품 보기' 태그가 보이며, 태그를 클릭하면 Shop 페이지로 넘어간다. Shop 페이지에서는 제품의 상세 이미지와 가격을 확인할 수 있으며, '웹사이트에서 보기' 버튼을 탭하면 제품 구매 사이트로 바로 이동할 수 있다.

▲ 쇼핑 태그가 붙은 게시물과 태그와 연결된 Shop 페이지

🔊 잠깐만요 ⋯ 인스타그램에서 쇼핑하기 : Shop 기능

▲ Shop 기능이 활성화된 계정 프로필과 Shop 페이지

최근 SNS를 통한 온라인 마켓이 활성화되며 인스타그램에도 Shop 기능이 추가되었다. Shop은 인스타그램 계정과 온라인 마켓을 합쳐놓은 개념으로, 인스타그램이 사진 기반의 SNS인 만큼, 제품 사진에 쇼핑 태그를 달아 업로드하는 것이 가장 큰 특징이다.

사용자는 마음에 드는 Shop을 팔로우할 수도 있고, '위시리스트' 버튼을 통해 관심가는 상품을 담아두는 것 또한 가능하다.

Shop 기능이 활성화 되면 인스타그램 프로필에 'Shop 보기' 버튼이 생기며, 버튼을 클릭하면 해당 계정에서 판매하는 제품을 한눈에 볼 수 있다.

▶ **Shop 기능 활성화하여 쇼핑 태그 사용하기**

─────TIP─────

비즈니스 계정에 대한 설명은 90쪽에서 다룬다. Shop 기능 활성화는 컴퓨터로 작업해야 한다.

1 우선, 인스타그램이 비즈니스 계정으로 설정되어 있어야 한다.

2 인스타그램 계정과 연결된 페이스북 페이지가 있다면 그 페이지로 접속하고, 만약 없다면 페이스북에 접속하여 '페이지'를 개설한 후 인스타그램 계정을 연동한다.

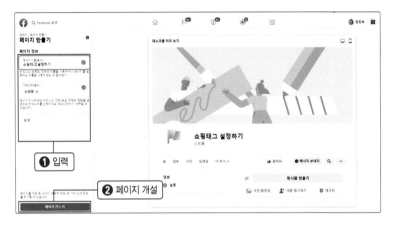

124

3 페이지가 개설되면 좌측의 관리 메뉴에서 '설정 > 템플릿 및 탭'을 클릭한다. 기본 템플릿은 '일반'으로 되어있다. 수정을 클릭하여 변경한다.

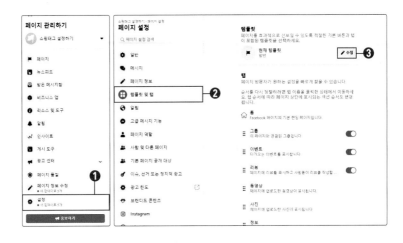

4 템플릿 목록 중 '쇼핑'을 선택한 후 '템플릿 적용'을 클릭한다.

125

5 '쇼핑' 템플릿을 적용하면 좌측 메뉴에 'Shop 관리'라는 기능이 추가된다. 이 기능을 통해 쇼핑 태그를 설정할 수 있다. 우선, 'Shop 설정 시작'을 클릭해보자.

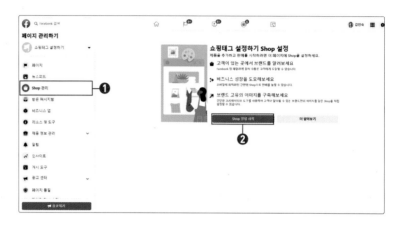

6 'Shop 설정' 페이지에서는 결제 수단과 비즈니스 정보, 인벤토리를 추가할 수 있다.

TIP
인벤토리는 제품을 추가하는 메뉴다.

7 내용을 다 채운 후 '검토하기 위해 Shop 제출'을 누르면 기본 설정은 끝이다. 검토는 3일에서 일주일가량 걸리며, 계정에 따라 더 오래 걸릴 수 있다. 검토 중에도 제품을 업로드 할 수 있다. '제품 추가' 버튼을 클릭해 제품을 올려보자.

8 '제품 추가' 버튼을 클릭하면 '상거래 관리자' 메뉴로 연결된다. 이곳에서 제품을 등록할 수 있다. 제품 사진과 이름, 가격 등을 모두 작성해야 인스타그램에서 쇼핑 태그를 활용할 수 있다.

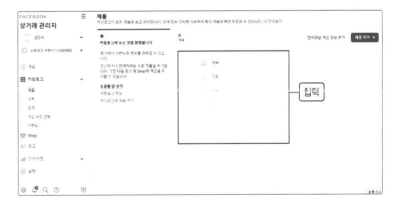

(04) 공동 작업자 태그

최근 인스타그램에 공동 작업자를 태그하는 기능이 추가되었다. 공동 작업자를 태그하여 게시물을 업로드하면 태그된 계정의 인스타그램 피드에도 해당 게시물이 업로드된다. 즉, 공동 작업자의 팔로워에게도 해당 게시물이 노출된다. 공동 작업자는 좋아요와 댓글, 인사이트를 확인할 수 있지만, 해당 게시물을 수정하거나 삭제할 수는 없다.

동시에 여러 계정을 운영하는 사람이라면 공동 작업자 태그를 유용하게 사용할 수 있다. 필자 또한 기업 계정에 강의 공지를 올린 후 개인 계정에 같은 소식을 복사해서 업로드하는 경우가 있었는데, 이 기능으로 한 번에 업로드할 수 있게 되었다.

무작정 따라하기 ▶ 공동 작업자 태그를 이용해 게시물 업로드하기

1 기업 계정에 공지사항을 올리며 개인 계정에도 같은 내용을 한 번에 업로드하려고 한다. 우선, 기업 계정으로 게시물을 작성하고 개인 계정을 공동 작업자로 태그해 보자. 사진을 고르고 본문 내용까지 작성한 후 '사람 태그하기'를 탭한다.

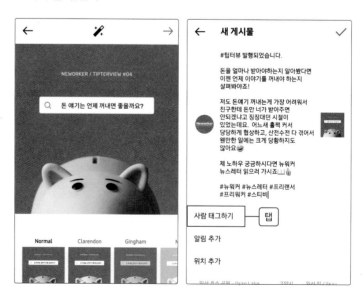

2 사람 태그하기 페이지에서 '공동 작업자 초대'를 탭하여 공동 작업자를 초대해 보자.

3 해당 게시물을 동시에 업로드할 개인 계정 ID를 선택하면 사람 태그하기 페이지 하단에 공동 작업자가 추가된다. 오른쪽 위의 체크 아이콘을 탭한 뒤, 게시물 업로드를 완료한다.

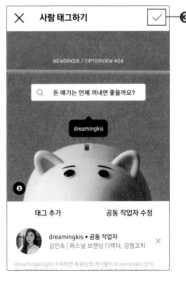

4 이제 공동 작업자 태그를 수락해보자. 공동 작업자로 태그했던 개인 계정으로 로그인을 하면 DM으로 '공동 작업자 요청'이 와 있다. '요청 보기'를 탭하면 어떤 게시물의 공동 작업자로 초대되었는지 확인할 수 있다. '검토'를 탭하여 초대를 수락하자.

5 초대를 수락하면 개인 계정의 피드에 게시물이 업로드된다. 이때 게시물 상단에 두 계정의 ID가 동시에 노출되는 것을 확인할 수 있다.

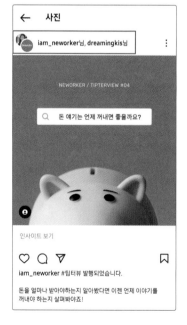

130

6 만약 해당 기능을 해제하고 싶다면 공동 작업자는 언제든 공유를 중단할 수 있다. 오른쪽 위의 설정 아이콘을 탭하면 '공유 중단' 버튼이 보인다. '공유 중단'을 탭하면 더는 개인 계정의 프로필이나 피드에 해당 게시물이 보이지 않는다.

7 공유를 중단한 후에는 게시물 상단에 최초로 게시물을 업로드한 계정의 ID만 노출되는 것을 확인할 수 있다.

페이스북도 해야 할까요?

한때 페이스북이 정말 인기있던 시기가 있었지만, 요즘은 '누가 페이스북을 하나요?'라고 말하는 사람도 많다. 페이스북을 사용하던 상당수가 인스타그램으로 넘어간 것은 사실이다. 하지만 여전히 페이스북을 퍼스널 브랜딩과 마케팅 수단으로 유용하게 사용하는 사람들도 있다. 페이스북은 어떤 용도로 활용하면 좋을까?

현실 친구와 쓰고싶은 글만 있다면 OK!

페이스북은 대표적인 '관계 중심 SNS'다. 이메일과 실명을 입력하고 가입을 하면 이메일로 연결된 지인들에게 내 계정이 추천된다. 즉, 오프라인에서 맺어진 인연이 페이스북에서도 손쉽게 이어지는 것이다.

오프라인에서 영향력이 있고 네트워킹을 중요하게 여기는 창업자나 CEO, 기성세대들은 그 영향력을 페이스북에도 쉽게 옮겨올 수 있기 때문에 크게 어려움 없이 페이스북에서도 네트워킹을 이어갈 수 있다.

TIP

페이스북은 언론 종사자들도 많이 사용하기 때문에 페이스북에서 이슈가 된 게시물이 기사화되거나 뉴스에 나오는 경우도 많다.

사진 중심의 인스타그램과 달리 페이스북은 글만 써도 되기 때문에 사진을 찍는 게 낯선 중년층은 여전히 페이스북에서 열심히 활동하고 있다. 필자의 경우도 관심 있는 기업의 CEO나 브랜드 담당자, 마케터들을 페이스북에서 팔로우하고 유익한 정보를 받아보고 있다.

만약 기존의 오프라인 네트워크가 탄탄한 사람이 그 영향력을 온라인으로 빠르게 옮겨가고 싶다면 페이스북으로 퍼스널 브랜딩을 하는 것을 추천한다. 지인 뿐만 아니라 관심 있는 사람들과 적극적으로 친구 신청을 주고받으며 소통하다 보면 꽤 유익한 정보를 주고받을 수 있기 때문이다.

빠르고 강력한 '공유' 기능

페이스북의 또 다른 특징은 바로 '공유' 기능이다. 페이스북은 공유 기능이 가장 활성화되어 있는 SNS로, 오늘 막 페이스북을 만들고 처음 글을 썼더라도 사람들이 공유할만한 가치가 있다고 여겨지는 글이라면 반나절 만에 수백만 명이 볼 수 있다.

페이스북, 아직 '해도 된다'

페이스북은 네트워킹, 정보 습득, 이슈 메이킹에 유리한 채널이다. 만약 이 중 나에게 필요한 무언가가 있다면 페이스북을 시작해도 좋다. 필자도 페이스북에서 유용한 정보를 얻고, 업계 사람들과의 네트워킹을 통해 많은 기회를 얻어가고 있으니 말이다.

다만 기존 인맥이 없는 사람의 경우 페이스북에서 좋아요를 받으려면 새로운 사람을 찾아서 적극적으로 친구 신청을 해야 한다. 처음에는 부담이 될 수 있지만, 친구 신청을 하고 상대가 수락만 해 준다면 그 어떤 SNS보다 친구 수를 쉽게 늘릴 수 있다.

'요즘 누가 페이스북을 하나요?'라고 말하는 사람들이 많지만, 아직까지 페이스북 안에서 수많은 사람들이 활발하게 소통하며 살아가고 있음을 명심하자. 나의 니즈에 부합한다면, 지금이라도 늦지 않았다. 페이스북 계정을 만들어 소통해보자.

PART 03

초록창의 절대강자,

네이버 블로그

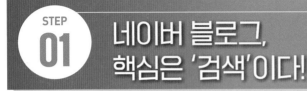

네이버 블로그, 핵심은 '검색'이다!

STEP 01

네이버 블로그는 거대 포털사이트 네이버에서 운영하는 블로그 형식의 SNS로, 대부분의 콘텐츠 노출이 네이버 검색을 통해 이루어진다. 따라서 기본적으로 검색이 되는 글쓰기 방식을 이해하는 게 필요하다. 아무리 양질의 글을 쓰더라도 네이버 블로그의 알고리즘에 맞지 않는 글을 쓴다면 사람들이 방문할 확률이 희박한 채널이 되기 때문이다. 우선, 네이버 검색의 기본부터 알아보자. 어떤 글이 검색되며, 어떤 글은 '절대로' 검색되지 않을까?

01 검색되는 글의 기본 요소

네이버 블로그를 운영할 경우, 양질의 글쓰기만큼 중요한 것이 바로 검색되는 글을 쓰는 것이다. 네이버 블로그에 글을 포스팅하기 전 꼭 알아야 할 기본 요소부터 확인해 보자.

제목에 검색 키워드 꼭 포함시키기

인스타그램에 익숙한 사람들이 블로그를 시작하면서 가장 많이 하는 실수 중 하나가 바로 해시태그를 왕창 집어넣는 것이다. 인스타그램은 해시태그를 통한 검색 유입이 중요하지만, 네이버 블로그에서 가장 중요한 것은 제목이다. '사람들이 검색창에 어떤 단어를 입력해서 검색할까?'를 고민하고, 그렇게 찾은 검색 키워드를 블로그 제목에 필수로 넣어야 한다.

단, 제목은 자연스러운 문장으로 표현되어야 한다. 많은 사람들이 검색으로 들어왔으면 하는 욕심에 [강남 카페 추천 / 강남 카페 후기 / 강남 데이트하기 좋은 카페] 식으로 제목을 작성해서는 안된다. 이런 제목은 검색에 잘 노출되지 않을뿐더러, 상위에 노출되더라도 사람들이 클릭하지 않을 확률이 높다. 오히려 [강남 데이트하기 좋은 카페, ○○에 다녀왔어요.]와 같이 자연스러운 문장으로 제목을 적는 것이 효과적이다.

TIP

블로그의 제목은 블로그 알고리즘이 1차로 판단하지만, 결국은 검색하는 사람이 직접 선택하여 클릭한다는 점을 꼭 유념하자.

제목과 본문 내용 일치시키기

인기 키워드를 제목에 넣고, 본문에는 전혀 다른 내용을 적어 블로그 방문자를 늘리는 꼼수가 유행하던 시절이 있었다. 이제는 알고리즘 기술이 발달해서 이런 글이 검색 결과에 노출될 확률은 거의 없다. 제목과 본문의 내용이 일치해야 하는 것은 기본 중의 기본이며, 사람들이 궁금해 할 만한 내용이 풍부히 담겨있어야 검색 결과 상단에 노출될 수 있다.

제목과 본문 내용을 일치시키기 위해 가장 중요한 것은 본문에도 주요 키워드를 포함시키는 것이다. 네이버 알고리즘은 제목과 본문의 내용이 일치하는지 여부를 판단하기 위해 본문에 사용된 키워드를 같이 분석한다. 제목에 '카페'라는 키워드가 들어가 있다면 본문에도 당연히 '카페'라는 단어가 포함되었을 것이라고 판단하는 것이다.

동시에 연관성이 있는 '디저트', '커피', '라떼' 등의 단어가 함께 들어가 있다면 해당 게시물은 제목과 본문의 내용이 일치하는 포스팅이라고 판단하고 검색에 잘 반영해 준다.

이미지 꼭 첨부하기

── TIP ──
평소에 사진 찍는 습관을 들여보자. 포스팅에 이미지를 첨부하기 훨씬 수월해질 것이다.

식당이나 카페에 방문하기 전, 후기를 보려고 검색한 블로그 포스트를 클릭했는데 화면 가득히 글만 빼곡하다면 어떨까? 대부분의 사람들이 조용히 '뒤로가기'를 누를 것이다. 글만 빽빽한 포스팅보다 시각적인 요소가 풍부하게 담긴 포스팅을 선호하는 것은 당연하다. 네이버 알고리즘은 사람들이 선호할 만한 글을 검색 결과 상위에 노출하기 때문에, 이미지가 첨부된 글이 노출에 유리할 수밖에 없다.

🔊 **잠깐만요** ⋮⋮ **본문에 주요 키워드가 많이 들어갈수록 더 좋을까?**

예전에는 제목에 사용한 키워드를 100% 동일하게 본문에 반복적으로 여러 번 적어주는 것이 중요했기 때문에 키워드를 과하게 반복해서 본문 내용이 어색한 경우도 꽤 많았다. 하지만, 최근에는 기술의 발달로 연관성 있는 주제의 글을 잘 적기만 한다면 키워드가 들어간 횟수와 상관없이 노출이 잘 된다. 오히려 너무 과도하게 키워드를 반복 입력한 경우 스팸 콘텐츠로 분류되어 검색이 되지 않을 수 있으니 주의하자. 즉, 본문에 주요 키워드를 포함시키라는 이야기의 본질은 '제목과 일치하는 본문 내용을 작성하는 것'이다.

유사문서에 유의하기

키워드를 제대로 삽입하여 글을 썼다면 24시간 내에 정상적으로 블로그 검색에 노출이 된다. 반나절 정도 지난 후 내가 쓴 블로그 포스팅의 제목을 100% 동일하게 검색창에 입력하여 확인해 보자. 만약 내 글이 검색창에 뜨지 않는다면 유사문서로 분류되었을 가능성이 높다.

네이버 검색에서 정의하는 '유사문서'란, 문서에 포함된 제목과 본문 텍스트, 사진과 동영상 등 구성 요소가 서로 닮은 문서를 말한다. 이미 어딘가에 게시되어있는 글과 유사하다고 판단이 되면 내 글은 검색에서 누락이 된다. 타인에게 저작권이 있는 글을 내 마음대로 복사해서 쓰면 안 되기 때문에 동일한 내용의 글을 사용자들이 중복으로 보지 못하도록 차단하는 것이다.

따라서 내 블로그에 들어가는 글은 직접 작성하고 사진과 영상도 내가 촬영하여 쓰는 것이 중요하다. 네이버나 구글에서 이미지를 다운받아서 사용 하는 것도 피하자. 만약 친구와 함께 카페에 다녀와서 같은 사진 파일을 이용하여 두 사람 모두 블로그 포스팅을 한다면, 먼저 포스팅을 한 사람의 글이 '원본'이 되고 추후에 작성한 글이 '유사문서'로 분류가 되어 불이익을 받을 수 있다.

🔊 **잠깐만요** ⋯ **이미지 첨부가 어려운 주제라면? 네이버의 '글감' 사용하기**

▲ 글감 기능으로 이미지 첨부하기

검색에 노출되려면 이미지를 꼭 첨부해야 하는데, 넣을 사진이 마땅치 않을 수 있다. 이럴 때는 네이버에서 제공하는 '글감' 기능을 활용하여 무료 이미지를 활용해 보자.
네이버 글쓰기 화면의 우측 상단에 '글감'을 클릭한 후 '사진' 메뉴를 선택하면 무료 이미지 사이트로 유명한 언스플래쉬(unsplash.com)와 픽사베이(pixabay.com/ko)의 이미지를 쉽게 검색해 본문에 삽입할 수 있다.

직접 검색하여 체크해보자

스팸문서나 유사문서가 아님에도 검색에 반영되지 않았다면 네이버 고객센터를 통해 검색 반영을 요청해야 한다. 다만 반영 여부 및 반영 시기에 대해서 공식적으로 발표된 가이드라인은 없으며, 이 방법을 통해서도 검색에 반영이 되지 않는다면 별다른 방법은 없다.

무작정 따라하기   ▶ **검색 반영 요청하기**

1 네이버 메인 홈의 하단에 있는 '고객센터'를 클릭한다.

2 고객센터 메인 화면에서 '통합검색'을 클릭한다.

3 '자주 찾는 도움말' 하위에 있는 '검색 반영 요청하기'를 클릭한다

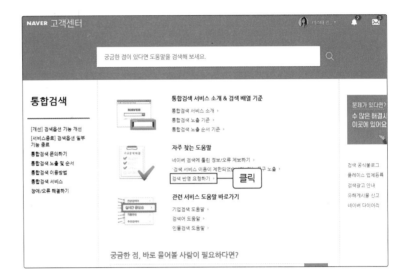

4 게시물이 작성된 서비스 종류에서 '네이버 블로그'를 체크한다.

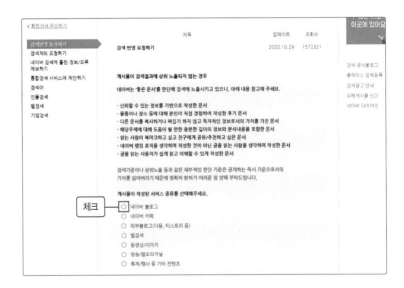

5 24시간이 경과했고, 검색 노출 기준까지 확인한 후 해당 사항이 없다면 '클릭'하여 접수하기를 누른다.

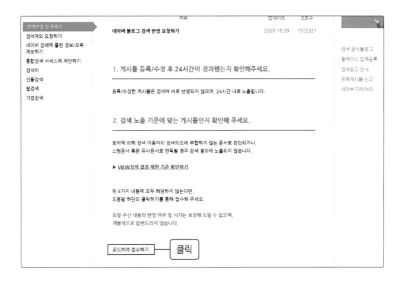

6 제대로 검색되고 있지 않은 내 블로그 게시글의 URL을 입력하고 개인정 보 수집에 동의한 후 '작성완료'를 클릭한다.

02 '절대로' 검색되지 않는 글도 있다

키워드와 이미지를 적절히 사용하고, 유사문서가 아닌 경우에도 블로그 노출이 잘 되지 않는 글이 있다. 검색 결과의 신뢰성을 위협하거나 검색 의도에 부합하지 않는 글은 네이버에서 검색되지 않도록 알고리즘에 반영하고 있기 때문이다.

단순 홍보글과 체험하지 않은 후기글

블로그 후기를 검색하는 사람들은 '직접 경험한 진솔한 후기'를 보고 싶어 한다. 하지만 블로그에는 상품을 제대로 사용해 보지 않고 스치듯 사용한 후기로 분량만 채운 글과 체험하지도 않은 내용을 체험한 것처럼 쓴 글도 종종 올라온다. 이런 유형의 글을 반복적으로 올리는 블로그 때문에 진정성을 가지고 열심히 쓴 포스팅까지 검색이 잘 안 될 여지가 있으므로 유의해야 한다.

특히 광고 대행사에서 블로그 체험단이나 후기 포스팅을 요청하며 제품에 대한 정보와 사진을 넘겨주고 글을 써달라고 하는 경우가 있는데, 이런 방식의 포스팅은 절대로 하지 않는 게 좋다.

개인정보를 포함한 글

주민등록번호, 휴대전화번호, 이름, 주소 등 특정인을 인식할 수 있는 정보는 VIEW 검색 결과에 반영되지 않는다. 검색되지 않더라도 개인 정보가 유출될 수 있으니 이런 글은 절대로 지양해야 한다.

스팸성 콘텐츠를 포함한 글

앞서 말했듯, 제목과 본문에 동일한 검색 키워드를 삽입하는 것은 검색이 되기 위한 기본 요소다. 하지만 너무 과도하게 키워드를 반복 입력할 경우 스팸 콘텐츠로 분류되어 오히려 검색이 되지 않을 수 있다.

그뿐만 아니라 본문 내에 키워드 양을 늘리기 위해 키워드를 보이지 않게 숨겨두는 경우도 있다. 엄청난 양의 키워드를 적은 뒤, 글씨 색상을 흰색으로 변경하여 숨겨두는 꼼수를 부리는 것이다. 예전에는 이러한 작업이 통했을지 몰라도 요즘에는 오히려 스팸 콘텐츠로 분류되어 검색에 불이익을 받을 수 있으니 주의해야 한다.

불법의 경계를 넘나드는 글

불법 게시물은 당연히 검색에 반영되지 않는다. 법률을 통해 금지하고 있는 불법적인 정보 뿐만 아니라, 개인정보/생명/성/금전관련 범죄, 마약/이미테이션 물품 등의 불법제품 판매, 현금 게임/경마 게임 등의 불법 사이트 홍보 등 다수의 이용자에게 혐오감을 줄 수 있는 내용은 작성해선 안 된다.

◀⍦)) **잠깐만요** ⋯ **네이버 VIEW 검색이란?**

네이버의 VIEW(뷰) 검색은 2018년부터 새롭게 생겨난 기능으로, 블로그와 카페 검색 결과를 통합하여 함께 보여줌으로써 사용자의 검색 니즈를 충족시키는데 초점을 두고 있다. **사용자들의 실제 경험과 독창적인 의견이 들어간 콘텐츠와 시의적절한 후기글, 맥락에 맞는 멀티미디어가 첨부된 콘텐츠**를 검색 결과 상단에 보여주는 것이 특징이다.
VIEW 검색이 없었을 때는 식당이나 카페의 방문자 후기가 궁금하여 검색했을 때, 블로그와 카페의 검색 결과 탭이 나누어져 있어 탭을 옮겨 다녀야 하는 불편함이 있었다. VIEW 검색은 원하는 검색 결과, 그 중에서도 사용자가 궁금해하는 키워드에 대한 후기를 한눈에 살펴볼 수 있기 때문에 사용자 친화적이다.

▲ 네이버에서 제공하는 'VIEW' 검색

STEP 02 블로그 검색 알고리즘 완전 정복하기

네이버에서 검색이 잘 되는 글은 어떤 특징이 있을까? 답은 간단하다. 네이버는 글을 읽는 사람들이 좋아하는 글을 좋아한다. 이런 글의 특징을 결과 값으로 규정해 둔 것이 바로 '네이버 검색 알고리즘' 이다. '사람들이 이런 글을 좋아하니까, 우리는 그걸 검색 결과에 반영할거야'가 바로 네이버 검색 알고리즘의 핵심이다.

우리는 정석대로, 사람들이 좋아할 만한 글을 써야 한다. 동시에 네이버 AI가 우리의 글이 '양질의 글'이라고 알아볼 수 있도록 알고리즘의 기준에 대해 공부할 필요가 있다. 네이버 검색 알고리즘, 그 중에서도 블로그 검색 알고리즘을 구성하는 블로그 지수인 C-rank, D.I.A.를 완전히 정복해 보자.

01 블로그의 신용점수, 블로그 지수

아무리 양질의 글이라도 블로그에 쓴 첫 번째 글은 네이버에서 검색이 잘 되지 않는다. 왜냐하면 이 글이 사람들에게 노출되었을 때 충분히 신뢰할 만한 글인지 판단이 서지 않기 때문이다. 즉, 블로그 지수가 0이라는 말이다.

TIP
포스팅을 할 때마다 블로그 지수가 올라가거나 떨어지거나, 혹은 변화가 없을 수도 있다. 이러한 등락은 모두 누적되어 현재 내 블로그 지수를 결정한다.

'블로그 지수'라는 표현은 네이버에서 공식적으로 언급하지는 않았지만 블로거들 사이에서 공공연하게 언급되는 용어로, 블로그의 신용점수라고 생각하면 된다. 금융거래를 할 때마다 신용점수가 차곡차곡 쌓이듯 블로그에 양질의 포스팅을 꾸준히 올리다 보면 블로그 지수가 차곡차곡 쌓이게 된다. 반면 신용카드 결제일을 놓쳐서 미납일이 길어지면 신용지수가 떨어지는 것처럼 네이버에서 선호하지 않는 방식으로 포스팅을 하면 블로그 지수도 내려간다.

블로그 지수가 낮다면 내 글이 네이버 검색 결과 상위에 노출되기 힘들다. 따라서 블로그를 키우고 싶다면 블로그 지수를 높이는 법부터 알아야 한다. 블로그 지수와 직결되는 네이버의 검색 랭킹 알고리즘, C-rank와 D.I.A.를 살펴보자.

(02) 크리에이터의 신뢰도와 인기도를 반영하는 C-rank

네이버 검색의 필승 공식은 없다

네이버 검색 랭킹 알고리즘을 이해하기 위해서는 먼저 '검색 모델(Search Model)'을 이해해야 한다. 네이버는 사람들이 특정 키워드를 검색했을 때, 수많은 문서 중 어떤 것을 상위에 노출시킬 것인지 1등부터 꼴등까지 줄 세우는 기준을 미리 알고리즘으로 규정해 두었다.

문서에서 파악할 수 있는 요소를 바탕으로 조건별 가중치가 부여되기 때문에 동일한 키워드라도 시점에 따라 검색 랭킹 순서는 바뀔 수 있으며, 문서의 품질 뿐만 아니라 시의성도 반영되기 때문에 무조건 검색 결과 상위에 노출되는 공식이란 존재하지 않는다고 봐야 한다.

하지만 네이버가 만들어둔 알고리즘을 이해하면 어떤 문서를 좋은 문서로 규정하고 있는지 파악할 수 있다. 이 기준에 따라 양질의 포스팅을 꾸준히 하다 보면 무조건 검색 결과 상위에 노출되지는 못하더라도 블로그 지수는 확실하게 높아진다.

C-rank의 핵심, 크리에이터

네이버는 문서의 품질을 판단할 때 해당 문서의 품질보다 '블로그 자체의 신뢰도'를 더 중요하게 평가한다. 양질의 문서는 결국 생산자가 누구인지에 달려있다고 보는 것이다. 이를 평가하는 알고리즘이 바로 'C-rank'다

C-rank는 글의 생산자이자 출처, 즉 블로그를 운영하는 크리에이터의 신뢰도와 인기도를 면밀하게 평가한다. 이때, 3가지 C인 맥락(Context), 내용(Content), 연결된 소비/생산(Chain)이 중요한 평가 기준이 된다.

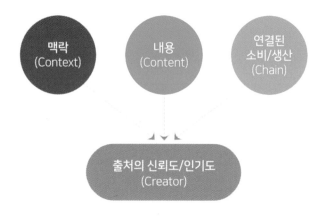

▲ C-rank 알고리즘의 3요소

맥락(Context) : 주제별 관심사의 집중도

자신의 관심 및 전문 분야를 꾸준히 기록한 블로그에는 자연스레 신뢰도가 쌓인다. 매일 카페 투어를 다니는 사람이라면 카페 전문가일 확률이 높고, 화장품 덕후가 작성한 화장품 리뷰 포스팅은 믿을만한 양질의 문서일 것이다.

반대로, 블로그의 주제가 중구난방이라면 그 블로그는 신뢰도가 낮게 측정될수 있다. 카페 블로거가 어느 날 갑자기 영어공부 포스팅을 한다면 어떨까? 카페도 좋아하고, 영어도 잘하는 사람일 수 있지만 블로그 알고리즘은 이를 맥락에 맞지 않는다고 판단한다. '카페 전문가가 뜬금없이 영어 콘텐츠라니!'라고 판단하여 블로그 지수가 높아도 영어 콘텐츠는 검색 상위에 랭크되지 않게 하는 것이다.

집중할 수 있는 주제를 1~2개만 선별하여 관련된 이야기에 주력하여 포스팅해 보자. 네이버에 따르면 하나의 블로그에는 최대 2가지 주제까지 담는 것이 좋다고 한다.

내용(Content) : 생산되는 정보의 품질

──────TIP──────

과거에는 일상적인 글을 꾸준히 포스팅하는 것이 블로그 지수를 높이는데 도움이 되었지만, C-rank가 적용된 이후부터는 의무적으로 포스팅하는 일상 글보다 전문성을 살린 단 하나의 글이 블로그 검색 결과 노출에 더 도움이 된다.

신뢰도와 인기도를 얻기 위해서 양질의 콘텐츠는 필수다. 네이버는 포스팅의 제목, 본문, 이미지, 링크 등 문서를 구성하는 기본 정보로 해당 글의 기본 품질을 판단한다. 네이버가 생각하는 좋은 문서의 기준은 다음과 같다.

- 신뢰할 수 있는 정보를 기반으로 작성한 문서
- 물품이나 장소 등에 대해 본인이 직접 경험하여 작성한 후기 문서
- 다른 문서를 복사하거나 짜깁기 하지 않고 독자적인 정보로서의 가치를 가진 문서
- 해당 주제에 대해 도움이 될 만한 충분한 길이의 정보와 분석 내용을 포함한 문서
- 읽는 사람이 북마크하고 싶고 친구에게 공유/추천하고 싶은 문서
- 네이버 랭킹 로직을 생각하며 작성한 것이 아닌 글을 읽는 사람을 생각하며 작성한 문서
- 글을 읽는 사용자가 쉽게 읽고 이해할 수 있게 작성한 문서

▲ 네이버 검색이 생각하는 좋은 문서! 나쁜 문서? (출처 : 네이버 다이어리. 2012.12.3.)

🔊 잠깐만요 ⋯ C-rank에서 참고하는 네이버 정보DB

네이버는 포털 사이트이므로 보유하고 있는 방대한 양의 정보 DB(인물, 영화 정보 등)를 연동하여 문서의 신뢰도를 파악하고 콘텐츠 품질을 판단한다. C-rank가 참고하는 데이터는 아래와 같다.

항목	설명
Blog Collection	블로그 문서의 제목 및 본문, 이미지, 링크 등 문서를 구성하는 기본 정보를 참고해 문서의 기본 품질을 계산
네이버 DB	인물, 영화 정보 등 네이버에서 보유한 콘텐츠 DB를 연동해 출처 및 문서의 신뢰도를 계산
Search LOG	네이버 검색 이용자의 검색 로그 데이터를 이용해 문서 및 문서 출처의 인기도를 계산
Chain Score	웹문서, 사이트, 뉴스 등 다른 출처에서의 관심 정도를 이용해 신뢰도와 인기도를 계산
BLOG Activity	블로그 서비스에서의 활동 지표를 참고해 얼마나 활발한 활동이 있는 블로그인지 계산
BLOG Editor 주제점수	딥러닝 기술을 이용해 문서의 주제를 분류하고, 그 주제에 집중하고 있는지 계산

▲ C-rank에 반영되는 정보 (출처 : NAVER Search&Tech 블로그)

정리하자면 좋은 문서란, 검색 랭킹을 고려하기보다 '사람들에게 도움이 될 만한 주제로 양질의 포스팅을 하는 것'이라고 생각하면 된다. 측정 가능한 지표로는 '체류시간'이 있다. 사람들에게 도움이 되는 양질의 포스팅이라면 해당 포스팅을 읽는 사람들이 그 게시물에 머무르는 시간이 길 수밖에 없다. 즉, 중요한 것은 조회 수가 높은 콘텐츠보다 체류시간이 높은 양질의 콘텐츠를 만드는 것이다.

연결된 소비/생산(Chain) : 생산된 콘텐츠와 사용자 간의 상호작용

사람들은 유용한 글을 보면 자신의 블로그로 스크랩하거나 카카오톡 오픈채팅방과 페이스북에 공유를 한다. 공감 버튼을 누르거나 적극적으로 댓글을 달기도 한다. 이처럼 하나의 콘텐츠가 발행되고 사용자들이 이 콘텐츠를 접한 후 어떻게 상호작용하는지 또한 C-rank의 중요한 기준이 된다. 당연히 사용자들이 활발하게 참여하는 콘텐츠를 양질의 콘텐츠로 판단한다.

03 문서 자체의 정보성에 집중하는 D.I.A.

C-rank 알고리즘의 허점

C-rank 지수가 높은 블로그는 일명 '전문 분야 블로그'라고 볼 수 있다. C-rank 알고리즘 자체가 한 주제에 특화된 콘텐츠를 지속적으로 쌓아가는 것에 가중치를 주고 신뢰도와 인기도를 측정하는 방식이기 때문이다.

일반적으로 신뢰도가 높은 크리에이터는 자신의 전문 분야라면 양질의 포스팅을 할 것이라고 기대된다. 하지만 그들이 생산하는 모든 문서의 질이 좋다고 볼 수만은 없다. C-rank 알고리즘은 문서 각각을 분석하기보다 '출처' 자체에 더 비중을 두고 판단하기 때문에 상위 검색 결과에 노출된 문서라도 질적으로 만족스럽지 않을 수도 있다.

문서 그 자체에 집중하자

TIP
이러한 알고리즘에도 불구하고, 질 낮은 홍보성 글이 검색 결과 상위에 노출된다면? 아직 네이버 알고리즘 AI가 그러한 글을 걸러낼 정도로 정교하지 못할 뿐이다. 기술이 점점 고도화되면 검색 결과도 더 정교해질 수 밖에 없다는 사실을 명심하자.

C-rank 알고리즘의 허점을 보완하기 위해 추가로 개발된 알고리즘이 바로 D.I.A.(Deep Intend Analysis)다. D.I.A.는 문서 자체의 정보성에 근거하여 문서를 판단한다. 즉, 블로그의 신뢰도와 인기도가 상대적으로 낮더라도 검색하는 사람들이 원하는 양질의 문서를 발행한다면 검색 결과에 노출이 잘 될 수 있도록 하는 것이다.

D.I.A. 알고리즘이 양질의 문서를 판단하는데는 여러 요인들이 복합적으로 반영된다. 아래 몇 가지 예시를 살펴보자.

> - **문서의 주제 적합도** : 제목에 맞는 본문의 내용을 충실히 작성했는가?
> - **경험 정보** : 실제로 경험한 내용이 풍부하게 들어가 있는가?
> - **정보의 충실성** : 사람들이 궁금해할 만한 정보를 빠뜨리지 않고 담았는가?
> - **문서의 의도** : 사람들에게 유익한 정보를 주려는 의도를 가지고 있는가?
> - **상대적인 어뷰징 척도** : 의도적으로 클릭수를 높이기 위해 자극적인 포스팅을 했는가?
> - **독창성** : 문서의 내용이 독창적인가?
> - **적시성** : 지금 이 시기에 사람들이 관심을 많이 갖는 주제인가?

양질의 블로그 글쓰기, 어떻게 해야할까?

D.I.A. 알고리즘에 반영되는 요인들을 파악하더라도, 실제로 양질의 문서를 쓴다는 것은 생각보다 쉽지 않은 일이다. 어떻게 하면 사람들이 선호하는 양질의 문서를 쓸 수 있을까? 우선, D.I.A.가 작동하는 프로세스를 살펴보자.

> ❶ 검색을 하는 사람들이 어떤 문서를 선호하는지 AI로 학습한다.
> ❷ AI로 각 문서에 D.I.A.를 적용한다.
> ❸ C-rank로 출처를 판단 후 D.I.A.로 문서를 판단하여 검색에 노출을 시킨다.

여기서 주목해야할 것은 '사람들이 선호하는 문서'다. AI가 학습한 사람들이 선호하는 문서는 크게 3가지 유형으로 정리할 수 있다.

▲ 사람들이 선호하는 문서의 세 가지 유형

종합하자면, 양질의 문서를 쓰고 싶다면 내가 직접 경험한 내용을 쓰거나 전문 분야에 대한 깊이 있는 의견을 쓰되, 검색하는 사람들이 궁금해할 만한 상세한 정보를 담으면 된다. 예를 들어 특정 상품의 리뷰 글을 작성할 경우, 검색하는 사람들이 궁금해 하는 상품의 스펙, 가격, 구매 사이트 등 상세한 정보에 실제 사용해 본 경험담을 덧붙이면 된다.

04 View 검색에서 진짜 정보를 찾기 위한 D.I.A.+

필요한 정보를 찾기 위해 블로그 제목을 보고 클릭했는데 내가 원하는 정보는 없고 낚시성 글만 있어 황당한 경험을 한 적이 있을 것이다. C-rank 알고리즘과 D.I.A. 알고리즘이 도입된 이후에도 이러한 글에 대한 사용자들의 불만은 계속되었다.

따라서 네이버는 이를 해소하기 위해 2020년 11월, 기존의 D.I.A. 알고리즘에서 업그레이드된 D.I.A.+(다이아 플러스) 알고리즘을 도입했다. D.I.A.+ 알고리즘의 핵심은 '검색하는 사람들의 의도에 맞는 정확한 진짜 정보를 View 검색 결과에 노출시켜주는 것'이다.

D.I.A.+ 시스템

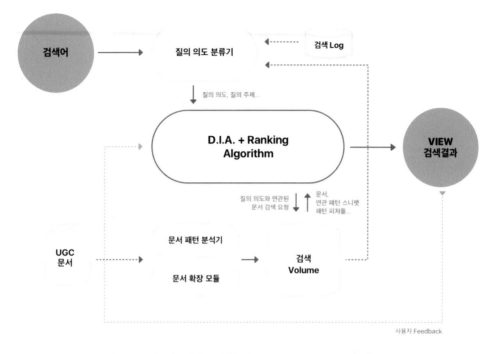

▲ D.I.A.+ 알고리즘의 작동 방식(출처 : NAVER Search&Tech 블로그)

그렇다면 기존의 D.I.A. 알고리즘과 차별화되는 D.I.A.+ 알고리즘의 새로운 강점은 무엇일까?

질의 의도를 분석한다

D.I.A.+ 알고리즘은 검색하는 사용자의 '검색 의도'가 무엇인지를 분석하여 의도에 맞는 문서를 검색 상단에 노출될 수 있도록 한다.

문서의 패턴을 분석한다

블로그의 글과 이미지, 문서의 구조를 분석하여 질의 의도에 맞는 문서인지 확인한다. 예를 들어, 'SNS로 돈 버는 방법'이라는 제목의 포스팅이라면 본문에 블로그, 인스타그램, 유튜브, 수익과 같은 연관된 단어가 포함되어 있어야 양질의 콘텐츠로 판단한다. 단순히 주요 키워드만 보고 문서를 판단하는 것이 아니라, 전체적으로 사용되는 모든 텍스트와 이미지를 파악하여 문서의 질을 판단하는 것이 특징이다.

같은 의미의 다른 단어도 검색된다

과거에는 100% 동일한 키워드가 제목에 있어야 검색이 되었다면, 같은 의미로 대체가 될 만한 단어를 사용해도 검색이 될 수 있다. 예를 들어 '가격'이라고 검색했을 때 '비용'이나 '금액'처럼 동일 의미의 키워드를 사용한 포스팅도 노출될 수 있다.

정교해지는 알고리즘, 양질의 포스팅만이 살아남는다

자극적인 제목을 쓰고 키워드만 반복적으로 요령껏 사용해도 노출이 잘 되던 시절이 있었다. 하지만 네이버는 검색하는 사용자가 원하는 정보를 손쉽게 찾을 수 있는 방향으로 지속적으로 알고리즘을 업데이트하고 있다.

앞으로도 새로운 알고리즘이 생겨나고, 또 변화할 수 있다. 하지만 겁먹을 필요는 없다. 사람들에게 도움이 되는 양질의 포스팅을 하는 것에 초점을 두기만 한다면, 그 어떤 정교한 알고리즘이 생겨나도 나에게 유리한 방향으로 흘러갈 것이다.

STEP

03 # 상위노출 키워드로 제목 완성하기

블로그 포스팅 제목을 지을 때, 초보자들이 흔히 하는 실수가 있다. 자신이 소개하고 싶은 내용만 간략하게 직관적으로 적는 것이다. 딱 한 번만 더 생각해 보자. 내 글을 봤으면 하는 사람들은 과연 네이버에 뭐라고 검색할까? 나는 주로 어떤 단어를 검색하고 있을까?

내 글을 더 많은 사람들에게 보여주려면 사람들이 검색할 만한 키워드를 찾아서 제목에 꼭 넣어주어야 한다. 사람들이 많이 검색하는 키워드는 어떻게 찾을 수 있을까? 여기서 그 방법을 살펴보고, 포스팅을 더욱 빛나게 해줄 제목을 완성해 보자.

01 내 글에 어울리는 키워드 탐색하기

주제의 상위 카테고리를 연상하자

우선, 포스팅하려는 주제의 상위 카테고리 단어가 무엇인지 떠올려보자. 예를 들어 영화 리뷰 콘텐츠를 작성한다고 했을 때, 영화 제목을 포스팅 제목에 그대로 사용하면 해당 영화를 검색하는 사람에게만 내 글이 노출될 것이다. 더 많은 사람들을 유입시키기 위해 제목에 '영화 추천'이나 '영화 리뷰'와 같은 키워드를 추가하는게 좋다.

> • **기생충 리뷰** : 영화 '기생충'의 리뷰가 궁금한 사람만 내 포스팅을 볼 수 있다.
> • **영화 추천, 기생충 리뷰** : '영화 추천'을 검색한 사람도 내 포스팅을 볼 가능성이 생긴다. 즉, 더 많은 사람들에게 내 글이 노출될 수 있다.

식당이나 카페 리뷰 콘텐츠도 마찬가지다. 카페 이름만 적지 말고 '홍대 카페 추천'을 추가하고, 식당 이름만 적기보다 '강남 맛집 리뷰'를 추가하는 식으로 제목을 작성해보자. 더 많은 사람들의 검색 결과에 노출될 수 있을 것이다.

자동완성 키워드를 살펴보자

TIP

이때, 검색창 하단의 '관심사를 반영한 컨텍스트 자동완성' 기능이 활성화되어 있어야 한다.

사람들이 많이 검색하는 단어를 찾을 수 있는 가장 간편한 방법은 '자동완성 키워드'를 살펴보는 것이다. 자동완성 키워드는 네이버 검색에서 지원하는 기능으로, 검색창에 주요 키워드를 입력하면 사람들이 많이 검색하는 연관된 키워드를 펼쳐서 보여준다.

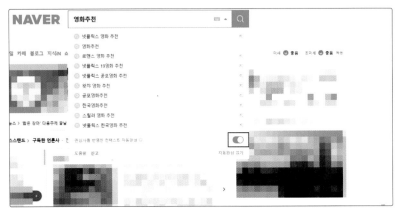

▲ 네이버 검색창의 자동완성 키워드

검색창에 '영화추천'을 입력해 보자. '영화추천'과 관련하여 사람들이 많이 검색하는 단어들을 검색창 하단에서 바로 확인할 수 있다.

> 넷플릭스 영화 추천, 로맨스 영화 추천, 넷플릭스19영화 추천, 넷플릭스 공포영화 추천, 왓챠 영화 추천, 공포영화추천, 한국영화추천, 스릴러 영화 추천, 넷플릭스 한국영화 추천

자, 그럼 이 중에서 내 글과 어울리는 키워드를 어떻게 골라야할까? 키워드를 카테고리별로 나누어 살펴보면 더욱 쉽게 파악할 수 있다.

- **플랫폼 키워드** : 넷플릭스 영화 추천, 왓챠 영화 추천
- **장르 키워드** : 로맨스 영화 추천, 공포 영화 추천, 스릴러 영화 추천
- **국가 키워드** : 한국영화추천
- **키워드 2개 이상 조합 키워드** : 넷플릭스 19영화 추천, 넷플릭스 공포영화 추천, 넷플릭스 한국영화 추천

자동완성 키워드를 크게 플랫폼, 장르, 국가 세 가지 카테고리로 정리해보았다. 각 카테고리별로 핵심 키워드를 하나씩 뽑아서 제목에 추가해보자. 가령, 내가 포스팅하려는 영화를 '넷플릭스'에서 볼 수 있고, '한국' 영화이며, '공포' 장르라면 '넷플릭스 한국 공포영화 추천'이라는 키워드가 될 것이다.

이렇게 제목을 작성할 경우, 내 글의 주제와 매우 부합하는 것은 물론이고 훨씬 더 많은 검색 유입을 이끌어낼 수 있다.

연관검색어도 참고하자

네이버에서 특정 단어를 검색하면 연관검색어가 보인다. 연관검색어는 검색 사용자의 검색 의도를 파악하여 적합한 검색어를 추가로 제공하는 것으로, 사용자들이 더욱더 편리하게 정보 탐색을 할 수 있도록 지원하는 서비스다. 사용자들의 검색 의도를 파악하여 제공되는 키워드인 만큼, 제목을 지을 때도 매우 유용하게 활용할 수 있다.

▲ PC 화면의 연관검색어

▲ 모바일 화면의 연관검색어

'홍대입구역'을 검색하면 나오는 연관검색어는 위와 같다. 홍대입구역과 관련하여 사람들이 알고자 하는 내용은 주로 '홍대입구 맛집'이나 '홍대입구역 술집', '홍대입구역 가는법'이라고 추측할 수 있다. 출구 중에서는 '3번출구'와 '9번출구'가 연관검색어에 노출되는 것으로 보아, 다른 출구들보다 두 출구의 검색량이 많다는 사실도 알 수 있다.

자, 그러면 연관검색어에서 힌트를 얻어 제목에 새로운 키워드를 삽입해보자. 홍대입구역 3번출구는 연트럴파크로 이어지는 출구다. 만약 홍대입구역 3번출구 인근의 장소에 관한 리뷰를 쓴다면, '홍대입구 3번출구 연트럴파크'와 같은 키워드를 추가할 수 있다. 단순하게 '홍대입구' 키워드만 적었을 때보다 더 많은 사람들에게 내 글을 노출시킬 수 있을 것이다.

다른 블로거의 제목을 참고하자.

그래도 내 글에 어울리는 키워드가 무엇인지 잘 모르겠다면, 나와 동일한 주제를 포스팅한 다른 블로그의 글을 참고하는 것도 방법이다. 내가 쓰려는 주제의 키워드를 검색하고 상위에 노출된 다른 블로그의 제목들을 살펴본 후 그들이 많이 사용한 단어를 보고 힌트를 얻어서 내 글에 적용하기만 하면 된다.

02 경쟁력 있는 핵심 키워드 선택하기

TIP

네이버 블로그 제목은 최대 100자까지 입력할 수 있다. 물론, 가독성을 고려한다면 이보다 더 짧아야 한다.

수많은 키워드의 조합을 찾았다면, 그 중 가장 경쟁력 있는 핵심 키워드를 선택해야 한다. 제목의 길이는 한정되어 있기 때문에 2~3개 정도의 키워드를 골라서 제목에 자연스럽게 넣어야 한다. 여기서 핵심은 '자연스럽게'다. 의미 없는 키워드의 나열은 결코 검색에 유리하지 않다.

인기 키워드가 정답은 아니다

TIP

내 블로그 방문자가 하루에 300명도 안 된다면 '강남맛집'과 같은 인기 키워드를 사용하는 것은 큰 의미가 없다. '강남맛집'을 주제로 포스팅하는 사람은 너무 많고, 나는 그들에 비해 블로그 지수가 낮을테니 말이다.

무조건 많은 사람들이 검색할 만한 인기 키워드를 넣는 것이 좋을까? 네이버 검색은 한정된 공간에서 더 상단에 노출되기 위해 서로 경쟁하는 구조라는 사실을 기억해야 한다. 즉, 많이 검색되는 키워드보다는 내 블로그 수준에 맞는 키워드를 고르는 것이 훨씬 중요하다.

검색량이 적더라도 경쟁률이 낮은 키워드를 찾아라

그렇다면 어떤 키워드를 사용하는 것이 좋을까? '강남맛집'보다 '강남역 맛집'이나 '강남역 1번출구 맛집'처럼 조금 더 좁은 범위의 키워드를 쓰는 것이 좋다. '강남맛집'보다는 검색량이 적겠지만, 그만큼 포스팅하는 경쟁자의 수도 적을 것이다. 특히 블로그 초보자나 블로그 지수가 낮은 상태에서는 사용하고자 하는 키워드를 세분화시켜서 구체적으로 적어보자. 아래와 같이 카테고리를 나누어 키워드를 세분화하면 더 편리하다.

키워드 세분화 예시 : 식당 리뷰

- **위치 세분화** : 서울, 강남, 강남역, 역삼동
- **메뉴명 구체화** : 술집, 고기집, 밥집, 횟집, 초밥집
- **방문목적** : 데이트하기 좋은 곳, 회식장소
- **장소의 특징** : 주차되는 식당, 조용한, 연예인 ○○○가 운영하는

네이버 검색량을 확인하자

네이버에서는 공식적으로 각 키워드별 검색량 데이터를 제공하고 있다. 이 검색량 데이터를 참고하는 것도 좋은 방법이다.

가령, 반지와 팔찌, 귀걸이, 목걸이 중 사람들이 가장 많이 검색하는 악세서리가 무엇일지 궁금하다면, 고민 말고 바로 네이버 검색량을 확인해보면 된다.

----TIP----
네이버 검색량 데이터는 PC와 모바일의 검색량을 따로 나누어 보여주기 때문에, 내 글의 주제가 어떤 환경에서 더 많이 검색될지 고민해보면 더욱 좋다.

	월간 검색수(PC)	월간 검색수(모바일)
팔찌	16,700	143,600
반지	8,300	81,000
귀걸이	11,900	108,500
목걸이	14,300	123,300

네이버 검색량 데이터에 의하면 '팔찌-목걸이-귀걸이-반지' 순서대로 사람들이 많이 검색하는 것을 알 수 있다. 필자는 악세서리를 좋아하지만 팔찌는 착용하지 않는 편이라 검색량을 보고 깜짝 놀랐다. 이처럼 개인의 주관적인 판단보다 데이터를 통해 객관적으로 판단하는 것이 훨씬 효과적이다.

🔊 **잠깐만요** ┅ **영문 키워드의 다양한 표기 고려하기**

그렇다면 한 가지 더 질문해 보자. **쥬얼리 / 쥬얼리 / 악세사리 / 악세서리** 네 단어 중 어떤 키워드의 검색량이 많을까?

	월간 검색수(PC)	월간 검색수(모바일)
쥬얼리	5,380	27,300
악세사리	7,120	18,700
주얼리	3,430	12,700
악세서리	2,980	4,200

네이버 검색량 데이터에 따르면, '쥬얼리-악세사리-주얼리-악세서리' 순서로 검색량이 많다는 것을 알 수 있다. 영문 키워드는 한글 표기가 다양하기 때문에 유사 단어들의 키워드 검색량을 미리 체크해서 사용하는 게 좋다.

▶ 네이버 검색량 확인하기

1 네이버 메인 홈 화면에서 스크롤을 쭉 내려서 제일 하단으로 내려간 뒤, '비즈니스 · 광고'라는 글씨를 찾아서 클릭해 보자.

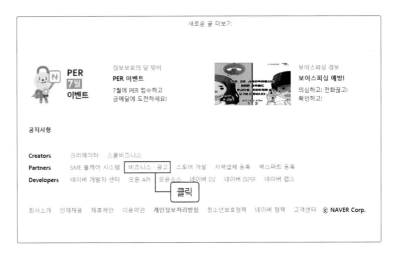

2 광고주들을 위한 네이버 비즈니스 홈(business.naver.com)으로 연결되면 첫 화면에서 '네이버 광고'를 클릭한다.

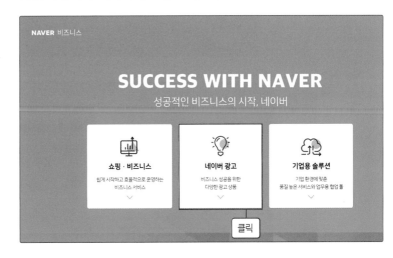

3 네이버의 여러 가지 광고 상품이 보인다. 이 중 '검색광고'를 클릭한다.

TIP

새로운 광고주용 아이디를 만든다고 해서 돈이 드는 것은 아니므로 편한대로 선택하면 된다.

4 네이버 검색광고 메인 홈으로 연결되었다. 이곳에서 새로 로그인을 해야 한다. '신규가입'을 클릭하여 별도의 광고주용 아이디를 새로 개설하거나, '네이버 아이디로 로그인'을 클릭하여 기존 아이디와 연동하자.

TIP

1~**3** 단계를 거쳐 해당 페이지로 들어오는 과정이 번거롭다면, 즐겨찾기에 searchad. naver.com 주소를 등록해 두자.

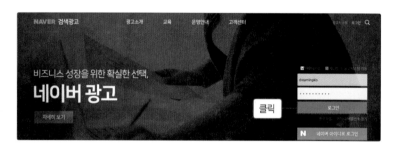

5 로그인을 하면 네이버 검색광고의 대시보드 화면이 나온다. 유료 광고를 집행하지 않을 것이기 때문에 다른 것은 볼 필요가 없다. 우측에 조그맣게 보이는 '키워드도구'를 클릭하자.

TIP

만약 화면이 사라지거나 다른 화면으로 넘어갔다면 메뉴에서 '도구-키워드도구'를 클릭하여 돌아오면 된다.

6 상단의 '키워드' 란에 검색량이 궁금한 키워드를 적는다. 한 줄에 하나씩, 총 5개까지 작성이 가능하다. 반지, 팔찌, 귀걸이, 목걸이를 한 줄에 하나씩 적고 '조회하기'를 눌러 보자.

TIP

대부분의 키워드는 모바일 검색량이 많으나, 간혹 PC 검색량이 더 많은 키워드도 있다. 예를 들어 직장인들이 회사에서 업무용으로 검색하는 키워드의 경우 모바일보다 PC 검색량이 많을 수 있다.

7 해당 키워드의 월간 검색량이 나온다. 이때 모바일에서 검색하는 사람의 수와 PC에서 검색하는 사람의 수가 각각 구분되어 나온다. 뿐만 아니라 해당 키워드와 연관된 키워드와 검색량도 같이 보여주므로 연관 키워드를 탐색하는 수고를 덜어준다.

🔊)) **잠깐만요** ⫶⫶ **키워드 검색량 간편하게 확인하기**

아래 두 채널은 네이버의 데이터를 조금 더 쉽게 확인할 수 있도록 도와주는 서비스로, 어디서 확인하건 동일한 데이터를 확인할 수 있다. 물론 두 서비스 모두 무료다.

▲ M-자비스와 블랙키위

• **카카오채널 M-자비스** pf.kakao.com/_xoUlxbxl
카카오톡에서 'M-자비스'를 검색해서 친구 추가를 한 뒤에 사용하는 서비스로, 모바일로 빠르게 키워드 검색량을 확인할 수 있다.

• **블랙키위** blackkiwi.net
키워드 검색량 뿐 아니라 키워드 발행량과 포화지수 등을 함께 제공하는 서비스로, 블로거들이 사용하기에 훨씬 더 직관적이고 쉽다.

STEP
04

눈길을 사로잡는 보기 좋은 글쓰기

자, 지금까지 네이버 검색 기능 전반에 대해 살펴보았다. 내 글이 잘 검색되게 하여 많은 손님들을 블로그에 초대했다면, 이제부터는 찾아온 손님들을 사로잡는 글쓰기를 할 차례다. 어떻게 하면 방문 자들의 마음을 사로잡을 수 있을까?

우선, 중요한 것은 첫인상이다. 글의 내용을 읽기에 앞서, 방문자가 가장 먼저 마주하는 것은 포스팅 의 시각적 요소다. 어떻게 하면 방문자의 눈길을 사로잡는 '보기 좋은' 글을 쓸 수 있을지 알아보자.

01 네이버 알고리즘의 또 다른 지표, 체류시간

TIP

검색을 통해 우연히 내 블로그에 방문하면 방 문자 수와 조회 수는 +1 이 된다. 하지만 3초 만 에 '뒤로가기'를 누른다 면, 과연 조회 수 '1'은 의미있는 숫자일까? 적 어도 글의 2/3는 읽어야 조회 수 '1'이 의미 있는 숫자가 되지 않을까?

블로그에서 가장 중요한 지표가 무엇일까? 아마, '방문자 수'라고 생각하는 사람이 많을 것이다. 방문자 수가 블로거에게 매우 중요한 것은 사실이지만, 블로그를 지속적으로 잘 운영하려면 얼마나 오래 머무르는지, 즉 '체류시간' 을 늘리는 데 신경을 써야 한다.

네이버 알고리즘은 사람들이 오랜 시간 머무르는 글을 좋은 글이라 판단한 다. 좋은 글은 당연히 검색 노출에도 유리할 수밖에 없다. 그렇기에, 우리는 어떤 글을 써야 사람들이 오래 머무를지도 생각해야 한다. 이때, 관건은 시선 을 사로잡는 글쓰기에 있다. 사람들이 '뒤로가기'를 누르지 않고 꾸준히 내 글 을 읽을 수 있도록 보기 좋고 읽기도 좋은 글을 작성해 보자.

02 모바일 가독성을 고려하자

최근의 블로그 사용 통계를 살펴보면 모바일 사용자 수가 압도적으로 많다. 대부분 스마트폰으로 블로그 글을 읽는다는 뜻이다. 따라서, 모바일에서 글 이 어떻게 보이는지 신경 쓸 필요가 있다. 이를 '모바일 가독성'이라고 한다.

PC와 모바일 화면은 분명 다르다

만약 PC로 블로그 포스팅을 한다면 포스팅 완료 후 스마트폰으로 다시 접속하여 줄 간격은 괜찮은지, 문장 줄바꿈이 어색하지 않은지 확인하는 습관을 들이는 것이 좋다. PC 화면에서는 2줄 밖에 안 되던 글이 스마트폰 화면에선 5줄이 넘을 수도 있기 때문이다.

▲ 블로그 글쓰기 PC 화면에서 우측 하단의 스마트폰 아이콘을 클릭한 경우

──TIP──
만약 이런 과정도 번거롭다면, 스마트폰에 네이버 블로그 어플을 설치한 후 스마트폰으로 바로 글을 작성하면 된다.

PC로 글을 쓸 때 모바일 가독성을 챙기기 쉬운 팁이 있다. 블로그 글쓰기 화면의 우측 하단에 있는 스마트폰 아이콘을 클릭해 보자. 그럼 글쓰기 화면 자체가 모바일/태블릿 버전의 글쓰기 화면으로 바뀐다. 즉, PC에서 글을 쓰더라도 스마트폰에서 쓰는 것과 같은 효과를 누릴 수 있다.

⑬ 정렬에도 노하우가 필요하다

가운데 정렬을 해야 할까, 좌측 정렬을 해야 할까?

필자 또한 블로그를 처음 시작했을 때 종종 했던 고민이다. 당연히 문서를 작성할 땐 좌측 정렬이 맞는데, 블로그는 왠지 가운데 정렬을 해야만 할 것 같았다. 맛집 리뷰를 검색할 때 블로거들이 '안녕하세요 이웃님들~'이라는 문장으로 시작하며 가운데 정렬로 글을 쓴 것을 많이 보았기 때문이다.

사실, 이 문제에 정답은 없다. 가독성을 해치지 않는 선에서 본인의 취향대로 글을 쓰면 된다. 다만, 각 정렬의 특징을 고려하는 것이 좋다.

짧고 간결한 글에는 가운데 정렬을

필자는 좌측 정렬의 글쓰기를 기본으로 하되, 아주 짧지만 간단한 일상을 남기고 싶을 때에는 인스타그램에 올렸던 1:1 정방형 사이즈의 사진을 큼직하게 올리고 그 아래 가운데 정렬로 짤막하게 떠오르는 생각을 적곤 한다.

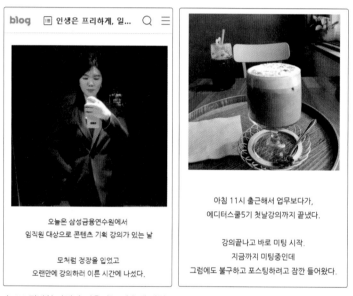

▲ 1:1 정방형 사진과 어울리는 가운데 정렬

가운데 정렬은 글의 줄바꿈이 많을 때 추천한다. 그래야 보기에 좋다. 스마트폰 기기마다 화면 사이즈가 다르기 때문에 가능하면 한 줄에 최대 3~5어절 정도가 들어가는 게 좋다.

줄바꿈을 많이 하기 때문에 글의 양이 적더라도 꽤 길어 보이는 효과가 있다. 호흡이 짧고 글이 많아 키워드를 명확하게 보여줄 수도 있다. 그래서 리뷰나 일상글과 같이 글의 양이 적고 사진의 개수가 많은 콘텐츠를 만들 때는 가운데 정렬을 추천한다.

길고 전문적인 글에는 좌측 정렬을

▲ 좌측 정렬 글쓰기의 예시

가운데 정렬의 글쓰기가 낯설고 어색한 분들이라면 억지로 그렇게 쓸 필요는 없다. 완결된 문장의 글을 쓰는 게 익숙하다면 원래의 방식대로 좌측 정렬의 글을 쓰자. 특히 글의 양이 많고 문장이 길 경우, 가운데 정렬을 하여 자주 줄을 바꾸면 오히려 내용을 파악하는데 어려움을 줄 수 있다. 전문 분야의 글을 주로 쓰거나, 문장이 길면 좌측 정렬을 추천한다.

여러 정렬을 섞어쓰는 것도 OK

꼭 한 가지 정렬 타입만 일관되게 사용하는 것이 좋을까? 전혀 그럴 필요가 없다. 게시글의 성격에 따라 가운데 정렬과 좌측 정렬을 적절히 선택하는 것이 더 좋다. 사람들은 정렬을 크게 신경쓰지 않을뿐더러, 전혀 의식하지 못할 수도 있으니 말이다.

(04) 인용구와 구분선을 적절히 추가하자

블로그 글쓰기 화면의 상단에는 다양한 디자인 요소가 배치되어 있다. 이 중 인용구와 구분선을 적절히 활용하기만 해도 가독성이 좋아진다.

강조하고 싶은 내용에는 '인용구'를

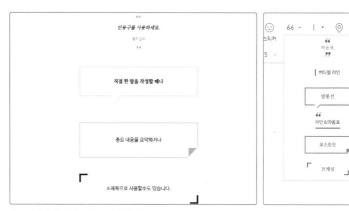

▲ 네이버에서 제공하는 다양한 인용구 디자인

─── TIP ───
네이버 블로그는 여섯 가지의 각기 다른 인용구 디자인을 제공하고 있다.

'인용구'는 누군가의 대화체를 직접 작성하거나 중요한 내용을 요약할 때, 그리고 소제목을 달 때 유용하게 쓰인다. 사용 상황에 알맞게 다양한 인용구를 사용하면 글의 호흡을 조절할 수 있고, 강조하고 싶은 내용을 보다 효과적으로 보여줄 수도 있다.

분위기가 바뀔 때는 '구분선'을

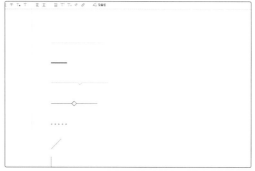

▲ 네이버에서 제공하는 다양한 구분선 디자인

'구분선'은 문단과 문단 사이를 구분할 때 넣는 선으로, 네이버 블로그는 여덟가지 구분선 디자인을 다양하게 제공하고 있다. 문맥의 내용이나 분위기가 바뀔 때 적절히 사용하면 글의 전체적인 가독성이 훨씬 좋아진다.

05 강조색은 한 가지만 사용하자

블로그 글쓰기의 기본 글자색은 검은색이다. 강조하고 싶은 내용이 있다면 눈에 잘 띄는 다른 색으로 바꾸거나, 글자에 배경색을 입힐 수 있다.

이때, 알록달록하게 여러 가지 색을 사용한다면 어떻게 될까? 하나의 글에 검은색, 빨간색, 녹색, 파란색 등 다양한 색상이 들어갈 경우 모든 것을 강조하느라 그 어떤 것도 눈에 띄지 않게 된다. 무엇보다 촌스러워 보인다.
따라서 강조색은 하나의 색이나 한 가지 계열만 지정해서 사용하자. 가령, 빨강 계열을 강조색으로 사용하고자 한다면, 특정 키워드는 빨간색으로 포인트를 주고 또 다른 부분에는 연한 핑크색을 배경에 넣어주면 된다.

06 포스팅의 얼굴, 썸네일

특정 키워드를 검색하면 나오는 수많은 블로그 포스팅 사이에서 내 글을 클릭하거나 내 블로그 안의 수많은 글 중에서 어떤 글을 클릭할지 결정할 때 썸네일의 영향은 크기 때문에 신경써서 결정하는 것이 좋다.

특히 한 개의 포스팅에 여러 장의 사진이 포함되어 있을 경우, 가장 먼저 올린 사진이 대표사진이 되어 글의 썸네일로 노출된다. 하지만 꼭 첫 번째 사진을 썸네일로 할 필요는 없다. 포스팅을 대표할 수 있는 보기 좋은 이미지를 클릭하여 '대표사진'으로 지정하자.

▲ 무료 디자인 사이트인 Canva를 사용하여 깔끔하게 정리한 썸네일

글의 내용을 대표하는 사진이나 사람들의 호기심을 불러일으킬 사진이 무엇일지 생각해 보고, 필요하다면 간단한 포토샵 작업으로 나만의 썸네일 디자인을 만들어 활용하는 것도 좋다.

 잠깐만요 ⠸ **포토샵 없이 간단하게 썸네일 디자인하기**

포토샵을 다루는 것이 어렵다면 무료 템플릿 사이트를 이용해서 감각적인 디자인의 썸네일을 만들 수 있다.

• 미리 캔버스 miricanvas.com
최근 들어 가장 많은 사람들이 쓰는 템플릿 사이트로 SNS 채널에서 사용되는 다양한 디자인 템플릿을 제공한다. 블로그 썸네일 뿐만 아니라 유튜브, 인스타그램, 페이스북, 상세페이지, 프레젠테이션까지 쉽게 만들 수 있다. 심지어 이 모든 것을 무료로 이용할 수 있으니 꼭 활용하기를 추천한다.

• Canva canva.com
원조 디자인 템플릿 사이트로, 글로벌 서비스이다. 미리 캔버스나 망고보드에 비해 한글 폰트의 사용에 제약이 있으나 감성적이고 감각적인 디자인 템플릿이 많다. 무료로 사용할 수 있는 이미지나 동영상 소스도 풍부하다.

필자의 경우 감각적인 이미지를 선호하기 때문에 Canva를 유료로 이용 중이며, 타 브랜드의 공식 인스타그램이나 블로그의 작업을 의뢰받아서 진행할 경우에는 한국 사람들에게 조금 더 익숙한 미리 캔버스를 이용하는 편이다.

STEP 05

마음을 사로잡는 풍부한 글쓰기

사람들이 궁금해하는 내용을 보기 좋게 잘 정리한 글이라면 당연히 오래 머무를 수밖에 없다. 하지만 글만으로는 부족하다. 음식을 리뷰하는 포스팅에 사진이나 영상이 있을 때 사람들의 만족도는 더 높아지고, 리뷰한 장소의 주소만 적어둔 것보다 '장소'를 첨부해 두면 더 도움이 된다. 블로그에 소개된 제품이 사고 싶을 때, 다시 검색창으로 나가서 쇼핑몰을 찾는 것보다 해당 쇼핑몰의 링크가 바로 첨부되어 있다면 그 또한 만족스러운 경험을 선사할 것이다.

이번에는 네이버 블로그에서 제공하는 기능들을 활용하여 내 글을 알차고 풍부하게 만들어보자.

01 맛집 후기에 '장소' 첨부하기

네이버에서 홍대입구 근처의 맛집을 찾으려면 어떻게 할까? 일단 검색창에 '홍대입구 맛집'을 검색을 할 것이다. 이곳 저곳의 블로그 후기를 살펴보다가 마음에 드는 식당이 보이면 다시 검색창에 그 식당의 이름을 검색해 본다. 그러면 해당 식당의 상세 정보가 가장 상단에 노출된다. 전화번호, 주소, 메뉴, 리뷰까지. 식당의 다양한 정보 중, 맛집을 찾는 우리에게 가장 중요한 것은 분명 '리뷰'일 것이다.

맛집의 블로그 리뷰, 어떻게 연결되는 걸까?

리뷰는 방문자 리뷰와 블로그 리뷰로 나뉜다. 방문자 리뷰는 네이버 예약이나 주문, 영수증으로 방문을 인증한 사람들이 짤막하게 남기는 후기다. 블로그 리뷰는 말 그대로 블로거들이 포스팅으로 남겨준 리뷰로, 식당 정보에는 해당 식당과 관련된 블로그 글들이 목록으로 쭉 나열되어 있다.

식당 정보의 블로그 리뷰는 많은 사람들이 확인하는 곳이다. 이곳에 노출되면 내 글을 한 명이라도 더 읽을 확률이 자연스레 높아진다. 만약 굉장히 유명한 핫플레이스를 다녀왔다면? 그곳의 리뷰를 찾는 사람은 더욱 많기 때문에 조회 수가 비약적으로 올라갈 수 있다. 그렇다면, 이 블로그 리뷰는 어떻게 식당 정보와 바로 연결이 되는걸까?

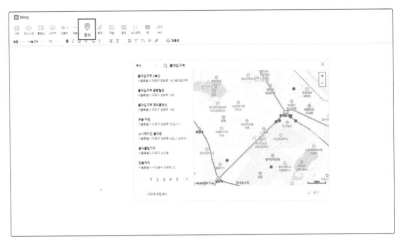

▲ 블로그 글쓰기 화면에서 '장소'를 첨부한 예시

그 비밀은 바로 '장소' 첨부에 있다. 네이버 블로그의 글쓰기 화면 상단에는 다양한 요소를 첨부할 수 있는 메뉴가 마련되어 있다. 그 중 '장소'는 특정 장소의 상세 주소와 지도 정보를 추가할 수 있는 기능이다.

정말 맛있는 맛집을 찾아서 정성스레 블로그 포스팅을 했더라도 글 안에 식당의 '장소'를 첨부하지 않았다면 식당 정보와 연결된 블로그 리뷰에 내 글이 노출되지 않는다. 즉, '장소'를 첨부해야만 식당 정보 블로그 리뷰와 내 글이 연결되는 것이다. 따라서 어떤 공간을 방문했을 때, 특히 식당이나 카페의 리뷰를 작성할 때는 잊지말고 '장소'를 첨부하자.

네이버 지도 앱과의 연동성

블로그 글에 '장소'를 첨부하면 검색 노출뿐만 아니라 내 블로그 글을 읽는 사람들에게도 도움을 준다. 블로그 글을 읽다가 '이곳의 정확한 위치가 어디지?'라는 궁금증이 생겼을 때, 굳이 지도 앱을 켜서 장소 이름을 검색할 필요 없이 첨부된 지도를 클릭하면 바로 네이버 지도 앱으로 연결되어 손쉽게 위치를 찾아볼 수 있기 때문이다.

'장소' 하나만 추가했을 뿐인데, 내 포스팅은 원하는 정보를 더 쉽고 자세하게 파악할 수 있는 글이 되었다. 네이버 알고리즘은 이런 글을 사람들이 더 선호하며 오래 머무르는 좋은 콘텐츠라고 인식하게 된다.

⑩ 책과 영화 리뷰에 '글감' 첨부하기

공간과 관련된 포스팅에 '장소'를 첨부하듯, 책이나 영화, TV 프로그램이나 공연과 관련된 글을 쓴다면 '글감'을 첨부하여 상세 정보를 추가할 수 있다. '글감'은 '장소'와 유사한 기능으로 독자가 리뷰를 읽다가 책이나 영화의 상세 정보가 궁금해졌을 때, 첨부되어 있는 '글감'을 클릭하여 상세 정보 페이지로 바로 넘어갈 수 있다.

▲ 블로그 글쓰기 화면의 '글감'

'글감' 기능은 네이버의 데이터베이스와 연결되어 상세 정보를 보여준다. 책, 영화, TV, 공연·전시, 음악, 쇼핑, 뉴스까지 다양한 주제의 글감을 첨부할 수 있으며, '사진' 탭에서는 Unsplash와 Pixbay에서 제공하는 사진을 첨부하여 글을 더 풍부하게 만들 수도 있다.

'글감'은 '장소'와 마찬가지로 포스팅의 내용을 풍부하게 해줄 뿐만 아니라, 포스팅을 노출시키는 데도 도움이 된다. '장소'를 첨부해야 식당 상세 정보의 블로그 리뷰에 내 글이 노출되는 것처럼, 해당 도서를 '글감'으로 첨부해야 네이버 책 코너에서 내 리뷰가 보인다.

▶ 책 리뷰 포스팅에 글감 첨부하기

1 책 리뷰 포스팅을 작성한 후 글쓰기 화면 우측 상단의 '글감', '책'을 차례대로 클릭한다.

2 내가 리뷰하고자 하는 책의 제목을 검색한 후 책 정보가 나오면 클릭하여 본문에 첨부한다.

3 본문 포스팅을 마친 후 '발행'을 클릭하면 포스팅과 관련된 여러 사항을 설정할 수 있다. '주제'가 문학·책으로 자동으로 지정되고, 리뷰한 책 제목이 같이 입력되어 있다. 이때, 하단의 '네이버 서비스로 글 보내기'를 꼭 체크해 주어야 한다.

TIP

'글 보내기' 기능은 PC에서 글을 쓸 때만 가능하기 때문에 만약 스마트폰으로 리뷰를 작성했다면 임시저장 후 PC로 발행하는 것을 추천한다.

4 설정을 마치고 '발행'을 클릭하면 1~2일 뒤에 'NAVER 책' 코너의 해당 도서에서 '네티즌 리뷰'에 등록된 내 글을 발견할 수 있다.

'글 보내기' 기능을 활용하면 내가 작성한 리뷰를 더 많은 사람들이 볼 수 있다. 블로그를 시작한 지 얼마 되지 않아 내 글이 검색 상위에 노출되지 않더라도 사람들이 많이 찾아보는 베스트셀러나 스테디셀러를 리뷰하면 조금 더 많은 사람들을 내 블로그에 유입시킬 수 있다.

——TIP——
물론 이 책을 읽고 네이버 블로그에 후기 글을 남긴다면 필자 또한 독자의 블로그에 감사의 댓글을 남길 것이다.

그 뿐만 아니라 저자도 네이버 책 코너의 '네티즌 후기'를 확인하고 내 블로그를 방문해 댓글을 남기고 갈 확률이 높다. 그러니 좋아하는 책이나 저자가 있다면 꼭 블로그에 리뷰를 남기고 글 보내기 기능까지 적극적으로 사용하길 바란다.

🔊 잠깐만요 ⋯ '글 보내기' 기능을 사용할 때 참고 사항

앞서 살펴본 173쪽의 무작정 따라하기 **3**단계에서 '네이버 서비스로 글 보내기'를 체크할 때 유의해야 할 사항이 몇 가지 있다. 이를 제대로 지키지 않으면 '글 보내기'에 체크해도 내 글이 제대로 연동되지 않을 수 있으니 꼭 참고하자.

- 글 공개 설정이 전체공개/검색 허용인 경우에만 글 보내기 가능
- 원본 글 내용을 수정/삭제한 경우 보내기한 글 내용도 수정/삭제가 됨
- 글의 공개 설정에서 '검색허용'을 해제할 경우 글 보내기는 자동으로 취소됨
- 200자 이상(공백 제외)으로 작성된 글만 글 보내기 가능
- 주제와 부합되지 않거나 글의 내용이 적합하지 않을 경우 반려될 수 있음

(03) 제품 리뷰에 구매 가능한 쇼핑몰 링크 첨부하기

사무실에 의자가 필요해 블로그 리뷰를 열심히 찾아보다가 꽤 괜찮은 제품을 발견했다. 그런데 제품 정보가 없다면? 댓글로 '제품 어디서 구입하셨나요?' 라고 물어보는 수밖에 없다. 작성자가 댓글을 확인하지 못한다면 답변이 아예 달리지 않을 수 있기 때문에 빠르게 답을 원하는 입장에서는 무척 답답할 것이다.

만약 내 글에 정보가 불충분하다면 내 블로그를 방문한 사람들은 답답함을 느낄 것이다. 이때, 해당 제품을 구입할 수 있는 쇼핑몰의 이름을 적어두거나, 바로 구입할 수 있도록 상품 구매 링크를 걸어두면 더욱 좋다.

링크 첨부는 신중하게

TIP

내 홈페이지에서 판매 중인 제품을 소개하고 싶다면 어떻게 해야 할까? 스마트 스토어라면 괜찮지만 만약 자사몰이라면 링크를 댓글에 첨부하는 것을 추천한다.

단, 여기서 유의해야 할 점이 있다. 네이버는 글에 외부 링크가 포함되어 있을 때 해당 글의 맥락에 적합한 웹페이지로 연결되는지 엄격하게 따진다. 내용과 상관없는 링크를 넣어 무조건 자신이 홍보하려는 홈페이지를 노출시키려는 사람들이 많기 때문이다. 즉, 내용과 상관없는 링크를 첨부하는 것은 절대 금물이며, 네이버 스마트 스토어가 아닌 타 쇼핑몰의 링크를 첨부하는 것도 지양해야 한다.

(04) 가능하면 영상도 활용하기

요즘 사람들이 가장 선호하는 콘텐츠 유형이 바로 '영상'이다. 블로그는 글과 사진 중심의 플랫폼이지만, 관련 영상이 있다면 무조건 업로드하는 것이 좋다. 블로그 내에 삽입된 영상의 재생 수는 매우 낮은 편이지만, 만약 영상을 클릭하는 사람이 있다면 당연히 내 블로그 체류시간이 올라가게 되고, 블로그 알고리즘에서도 양질의 포스팅으로 인식하는 경향이 있다.

블로그 이웃, 신청부터 관리까지

네이버 블로그는 다른 SNS의 팔로우, 구독과 같은 개념으로 '이웃'이라는 단어를 사용한다. 블로그에 열심히 글만 쓰느라 이웃은 전혀 신경쓰지 않는 사람들이 많다. 지금 당장 내 글의 검색 노출이 잘 되는 것도 물론 중요하지만, 블로그를 장기적으로 건강하게 키워나가려면(특히 하루에 방문자가 100명도 안 되는 초보일 경우) 이웃과의 관계를 맺는데 집중하는 것이 좋다.

01 블로그 이웃을 꼭 늘려야 할까?

보통 SNS는 내 콘텐츠를 꾸준히 받아볼 의사가 있는 구독자와 팔로워 수가 가장 중요한 지표지만, 블로그는 이웃과의 관계보다 검색 노출 여부가 더 중요하기 때문에 이웃 수보다 일 방문자 수가 더 중요한 핵심지표로 분류된다.

그렇다고 이웃의 수가 중요하지 않은 것은 아니다. 타 SNS와 마찬가지로 나를 구독한 이웃과 서로이웃의 수가 많을수록 내 글의 조회 수는 안정적으로 확보된다. 특히, 블로그를 시작한 지 얼마 되지 않아 내 글이 상위에 노출되는 빈도가 적은 블로거라면 이웃 관리에 힘쓰는 것이 좋다. 검색되지 않더라도 내 글을 봐줄 수 있는 사람들을 직접 찾아나서는 것이니 말이다.

잘 확보된 '이웃'이 검색 유입보다 낫다

블로그의 일 방문자 수가 동일하게 1,000명이라도, 검색으로 들어오는 비중이 높은 블로그와 이웃들의 방문 비중이 높은 블로그는 완전히 다르다. 검색으로 들어오는 비중이 높을 경우, 알리고 싶은 이야기나 판매하는 상품을 새로운 사람에게 노출시키기가 쉽다. 즉, 내가 판매할 상품과 서비스가 있다면 어떻게든 검색이 잘 되는 블로그를 만드는 게 우선이다.

하지만, 퍼스널 브랜딩에 조금이라도 관심이 있다면 검색 유입 뿐만 아니라 이웃 수를 늘려 내 글을 꾸준히 볼 수 있도록 노력해야 한다. 브랜딩이 잘 되어있고 팬이 많은 블로그의 글 제목을 살펴보면, 검색어를 고려한 키워드를 적지 않은 경우가 많다. 기존 이웃만으로도 블로그 조회 수를 충분히 확보할 수 있기 때문이다.

블로그 이웃들은 내 글을 기다려주는 사람들이며, 새로운 글을 올렸을 때 기꺼이 방문하여 글을 읽고 댓글을 남겨준다. 이들과 진정성 있는 소통을 하면 자연스레 내 블로그의 체류시간도 길어지고, 블로그 글이 검색 결과 상단에 노출될 확률도 높아진다. 장기적으로 보면 이웃을 늘리는 게 훨씬 건강하고 지속성 있는 블로그인 셈이다.

02 이웃 신청 기본 매너 익히기

이웃보다는 서로이웃 신청하기

블로그 이웃은 서로이웃과 이웃의 두 단계로 나뉜다. '서로이웃'은 서로가 서로의 글을 볼 수 있는 사이로, 아주 가까운 소통의 단계다. 서로이웃을 신청하고, 상대방이 수락을 해 줄 경우에만 서로이웃이 된다.

'이웃'은 팔로우 혹은 구독의 개념이다. 즉, 상대방의 블로그에 이웃 신청을 한다는 것은 일방적으로 해당 블로그의 글을 받아보겠다는 의미다. 서로이웃과 달리 상대방의 수락과 상관없이 이웃이 될 수 있으며, 상대방은 내 블로그의 글을 구독 받아서 보진 않는다.

그러므로 내 글을 받아볼 사람을 늘리기 위해서는 '이웃' 신청이 아니라 '서로이웃' 신청을 해야 한다.

성의 있는 멘트 준비하기

서로이웃 신청을 받는다면, 무엇을 보고 수락 여부를 결정할까? 가장 먼저 보이는 게 바로 '신청 메시지'다. 서로이웃을 신청할 때 신청 메시지를 어떻게 쓰느냐에 따라 수락 확률이 높아질 수 있다.

서로이웃 맺기

퍼스널브랜더 김인숙님을 추가할 그룹을 선택해주세요.

새 그룹 ∨ | + 그룹추가

서로이웃 신청 메세지를 입력해주세요.

▲ 서로이웃 신청 메시지 작성란

기본 메시지로는 '우리 서로이웃해요~.'가 있다. 이 경우, 블로그 닉네임 외에는 알 수 있는 정보가 없으므로 수락을 해 주지 않을 확률이 높다.

서로이웃은 블로그의 친구를 만드는 과정이다. 친구에게 '우리 친구하자!' 라고 말하면 '그래, 친구하자~.' 라고 쉽게 답할까? 나는 어떤 사람이고, 너랑 왜 친구가 되고 싶은지 구체적으로 이야기를 했을 때 비로소 상대가 '그래, 우리 친하게 지내자.'라고 답할 것이다.

그러므로 이웃신청 메시지에는 '나는 어떤 주제를 주로 올리고 있는 블로거인지', '왜 당신과 서로이웃이 되고 싶은지' 두 가지를 꼭 담는 것이 좋다. 이때 상대방이 어떤 주제의 글을 쓰는지를 미리 확인하고 성의껏 신청 메시지를 써보자. 그래야 상대방 또한 내 블로그에 관심을 갖고 찾아오게 될 것이다.

서로이웃 신청 메시지 예시

안녕하세요. 퍼스널 브랜더 김인숙입니다. **저는 주로 퍼스널 브랜딩과 SNS마케팅 관련 포스팅을 합니다.** 우연히 책 리뷰를 보다가 블로그에 들어오게 되었는데 **관심사가 비슷해서 앞으로 꾸준히 글을 보고 싶어 이웃신청합니다.** 감사합니다 :)

최소 10개 이상 글을 쓴 뒤에 서로이웃 신청하기

서로이웃 메시지만 보고 수락하는 경우도 있지만, 아이디를 클릭하여 상대방의 블로그를 직접 방문하여 둘러본 후 수락하는 경우도 많다. 이때, 블로그에 글이 한 두개 밖에 없다면 어떨까? 내가 어떤 사람인지 판단하기 힘들기 때문에 서로이웃을 수락하지 않을 확률이 높다.

최소한 내가 어떤 유형의 글을 쓰는 사람인지 파악할 수 있도록 해야 한다. 적어도 10개의 글을 쓴 뒤에 서로이웃 신청을 하는 것이 좋으며, '내가 어떤 사람인지' 혹은 '이 블로그는 어떤 주제를 다루고 있는지'를 설명한 글을 작성해 두는 것도 좋은 방법이다.

상업적인 닉네임 사용하지 않기

지금 필자의 블로그 이웃신청 목록을 살펴보니 '강남○○안과', '홍천○된장'이라는 닉네임이 보인다. 클릭해 보지 않아도 알 수 있다. 기업에서 운영하는 홍보용 계정이다. 기업에서 블로그 마케팅을 할 경우, 직관적으로 상호명을 드러내는 것이 유리하기 때문에 상업적인 닉네임을 사용하는 경우가 많다. 검색으로 유입될 때는 이런 유형의 닉네임이 전혀 문제되지 않는다.

하지만 서로이웃 신청을 할 때는 이야기가 달라진다. 상대방이 서로이웃 수락 여부를 결정할 때, 직관적인 상호명 닉네임은 매우 불리하게 작용된다. '이 블로그는 광고성 게시물을 올리겠구나.'라고 생각하여 수락을 거절할 가능성이 높아지기 때문이다.

그럼 어떻게 해야할까? 개인사업자라면 사장님이 직접 운영하는 느낌을 줄 수 있는 닉네임을 쓰는 것을 추천한다. 즉 기업이나 브랜드보다 사람이 드러나는 닉네임을 사용하는 것이 좋다.

필자의 경우도 한동안 '비스타'라는 회사명을 그대로 쓰지 않고 '비스타 김인숙'이라는 닉네임을 사용했다. '비스타'라는 회사명과 '김인숙'이라는 사람을 동시에 드러내기 위함이었다. 회사의 공식 블로그라는 느낌보다 '김인숙'이라는 사람이 운영하는 블로그라는 느낌을 주었기 때문에 친근감과 신뢰도를 높여 블로그를 성장시킬 수 있었다.

TIP

특히 전문직 종사자나 지식서비스를 제공하는 사람의 경우, 실명을 닉네임에 사용하면 신뢰도를 높이는 효과가 있다.

진짜 소통하고 싶은 사람과 이웃 맺기

이웃 신청을 기계적으로 하는 사람들이 있다. 물론 이웃 수가 많으면 좋고, 사람 수가 많다보면 누군가는 내 글에 관심을 보일 수 있다. 하지만 이왕이면 내가 즐겁게 소통할 수 있는 이웃을 찾아서 서로이웃 신청을 하는 것을 추천한다.

블로그를 오랫동안 즐겁게 운영하려면 내가 소통하는 이웃이 누구인지도 중요하다. 전혀 관심없는 주제를 다루는 블로그와 소통하려면 당연히 피로감이 쌓이고, 소통의 즐거움보다 의무감 때문에 불편함만 느낄 수도 있다. 그러므로 관심 있는 주제를 다루는 블로거에게 이웃신청을 하는 것이 좋다.

─── TIP ───
이웃의 글을 읽는 것이 즐거워야 하고, 그들도 내 글을 읽고 싶어서 찾아오게 해야한다. 이것이 진정한 이웃관계이며 소통이다.

관심있는 주제를 자주 검색하다보면 내가 읽고 싶은 글을 쓰는 블로그를 발견할 수 있다. 그때마다 고민 말고 이웃 신청을 눌러보자. 이왕이면 좋아요도 누르고 댓글도 남겨두는 게 좋다. 댓글을 남긴 후에 서로이웃을 신청하면 상대방도 '이 사람이 내 글을 읽고 나서 정말 좋아서, 꾸준히 소통하고 싶어서 이웃신청을 했구나.'라고 느낄테니 말이다.

03 블로그 이웃, 내 고객이 될 수도 있을까?

블로그를 마케팅 혹은 브랜딩 목적으로 운영한다면 이웃이 곧 잠재고객이 될 수 있다. 이웃이 되어 나의 글을 꾸준히 받아보다가 상품이나 서비스를 구매하고 싶다는 생각이 들 수도 있기 때문이다.

따라서, 내가 판매하는 상품이나 서비스에 관심이 있는 이웃을 확보하는 것이 중요하다. 누군가가 내 글을 검색하고 클릭해 주기를 넋 놓고 기다리지 말고, 조금 더 적극적으로 이웃을 늘리고 잠재고객을 확보해 보자. 내 블로그와 상품에 관심을 가질 이웃은 어디서 찾을 수 있을까?

경쟁 블로그를 살펴보자

내 잠재고객을 찾는 가장 쉬운 방법은 바로 경쟁 블로그를 찾아보는 것이다. 나와 유사한 주제를 다룬 블로그를 찾아 댓글을 살펴보자. 여기서 주목해야 하는 것은 바로 댓글을 단 사람들이다. 그들은 해당 글을 쓴 사람은 아니기에 직접적인 경쟁자가 아니며, 동시에 해당 주제에 큰 관심을 가지고 적극적으로 의견을 표현한 사람들이기도 하다. 댓글 작성자의 아이디를 하나씩 클릭해서 블로그에 방문하고, 서로이웃 신청까지 해 두자. 아마도 그들은 내 글을 좋아해 줄 확률도, 내 고객이 될 확률도 높을 것이다.

관련 주제의 도서 후기를 살펴보자

지식 콘텐츠를 가지고 있는 사람이라면 특히 이 방법을 추천한다. 필자의 경우, 시간이 날 때마다 퍼스널 브랜딩 관련 도서를 검색하여 도서 리뷰를 남긴 사람들의 블로그에 이웃 신청을 했다. 퍼스널 브랜딩에 관련된 책을 읽고 리뷰까지 남기는 사람들이라면 당연히 '퍼스널 브랜딩' 자체에 관심이 있을 것이라고 생각했기 때문이다.

리뷰를 읽다보면 퍼스널 브랜딩에 관심이 있는 사람들이 어떤 내용을 중요하게 여기고 어떤 생각을 하는지도 알 수 있었다. 덕분에 이웃 및 잠재고객 확보는 물론, 직접적인 고객 분석을 통해 콘텐츠를 만드는 데도 큰 도움이 되었다.

04 '이웃그룹' 기능으로 이웃 관리하기

네이버 블로그는 이웃을 그룹으로 나누어서 관리를 할 수 있다. 내가 먼저 관심이 있어서 구독한 사람, 내 상품을 구매한 사람, 경쟁 블로그에 댓글을 달았던 사람 등 다양하게 분류를 나눠서 이웃그룹을 지정하는 것을 추천한다.

필자는 유튜브 구독자, 컨설팅을 받았던 사람, 정규교육을 들었던 사람, 특강을 들었던 사람, 퍼스널 브랜딩에 관심있는 사람 등으로 세분화해서 이웃그룹을 정리했다.

이웃그룹	✕
전체	✓
유튜브 2	
유튜브	
컨설팅	
퍼스널브랜딩관심	
참고블로그	
특강	
드림브랜딩	

▲ 필자의 블로그 이웃그룹

한 번 이웃은 영원한 이웃! 꾸준히 소통하기

필자의 경우, 컨설팅이나 강의를 통해 이웃을 맺은 사람들이 많았다. 보통 한 번의 컨설팅을 마치고 나면 인연을 이어가기 힘든 경우가 대다수이지만, 그래도 꾸준히 소통하기 위해 노력했다. 그때 이웃그룹을 나누어둔 것이 꽤 효과적이었다.

네이버 블로그 모바일 앱에서는 이웃들의 새 글이 보이는 피드 화면을 이웃 그룹별로 지정해서 볼 수 있다. 컨설팅을 받았던 고객들의 블로그를 살펴보고 싶으면 '컨설팅' 그룹만 지정하고, 유튜브 구독자들의 블로그를 살펴보고 싶으면 '유튜브' 그룹만 지정하여 새 글을 살펴볼 수 있었다.

모든 이웃을 방문하여 소통하기는 힘들지만, 이웃그룹별로 돌아가며 피드를 확인하고 관리하니 부담이 훨씬 덜했다. 피드를 확인하는 김에 좋아요와 댓글을 남기면 매우 반가워한다. 자신의 블로그에 시간을 내어 방문해서 관심을 가져주는 것이라 생각하기 때문이다. 이처럼, 이웃그룹 기능을 활용하여 시간이 날때마다 조금씩 기존 이웃들의 블로그를 방문하여 소통해보자. 이웃 관리에 매우 효과적일 것이다.

신규 고객에게 자연스럽게 홍보하기

이웃그룹 기능은 기존 이웃을 관리하는 것은 물론, 신규 고객을 적극적으로 찾아 나설 때도 유용하다. 노골적으로 홍보를 하는 것이 아닌, 기존의 이웃들과 자연스럽게 소통을 한다는 느낌을 주기 때문에 거부감을 줄일 수 있다.

필자의 경우, 경쟁 블로그의 댓글이나 도서 리뷰를 통해 알게된 블로그는 퍼스널 브랜딩이라는 주제에 관심이 있는 사람으로 볼 수 있기 때문에 미리 '퍼스널브랜딩관심'이라는 이웃그룹으로 한 데 묶어두었다.

만약 퍼스널 브랜딩 특강을 홍보해야 한다면, 관련 포스팅을 한 다음에 '퍼스널브랜딩관심' 이웃 그룹을 클릭하여 이웃의 최신글에 댓글을 달기만 하면 된다. "제 특강 들으러 와주세요."라고 적극적으로 홍보하지 않아도 자연스럽게 "어, 이 사람 특강하네?"라고 인지시킬 수 있다. 실제로 필자는 지난 수년간 강의를 홍보해야 할 때 이 방법을 사용했고, 노골적이지 않은 방법으로 신규 고객을 확보할 수 있었다.

STEP 07 네이버 검색의 새로운 기회, 인플루언서 도전하기

2020년 2월, 네이버에서 '인플루언서 검색'이라는 제도를 도입했다. 네이버는 이미 C-rank 알고리즘을 통해 출처의 신뢰도에 가중치를 두어 랭킹을 매기고 있었는데, 이제는 아예 '인플루언서'를 선정하여 그들의 콘텐츠를 먼저 보여주는 시스템을 도입하기로 한 것이다. 새롭게 등장한 인플루언서 시스템을 낱낱이 파헤쳐보고, 가능하다면 도전까지 해보자.

01 네이버 인플루언서가 되려면?

네이버 인플루언서는 신청 후 승인을 받아야 하는 시스템이다. 최근 네이버 검색 화면에 '인플루언서'라는 탭이 새로 생겨남에 따라 인플루언서로 등록된 블로거의 콘텐츠 노출량이 지속적으로 늘어날 것으로 기대되고 있다.

또한 인플루언서가 되면 금액이 높은 프리미엄 광고 배너가 삽입되기 때문에 블로그를 통한 수익도 늘어날 수 있다. 따라서 블로그를 어느 정도 키운 후에는 인플루언서에 지원하여 혜택을 누리길 바란다.

> **TIP**
> 인플루언서 검색의 도입은 '콘텐츠를 만든 사람이 누구인지'가 더욱 더 중요해지고 있음을 보여준다.

무작정 따라하기 ▶ 네이버 인플루언서 지원하기

1 네이버 검색창에 '인플루언서 홈' 혹은 '인플루언서 검색'을 입력하면 인플루언서 검색 배너가 뜬다. 배너를 클릭하여 들어간다.

2 인플루언서 검색 홈에서는 네이버 인플루언서 검색에 대한 상세한 소개
는 물론, 네이버에서 제안하는 키워드, 각 분야의 인플루언서, 진행 중인
이벤트까지 확인할 수 있다. 필요한 내용을 확인한 후, 인플루언서 검색 홈
우측 상단의 '지원안내'를 클릭한다.

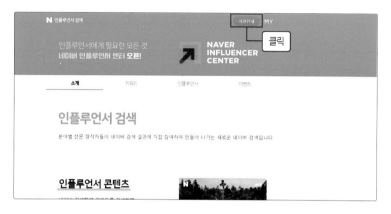

3 '인플루언서 검색 지원하기'를 클릭한다.

4 본격적으로 인플루언서에 지원해 보자. 우선, '지원 주제' 선택란에서 나의 전문 주제를 지정해 보자. 인플루언서는 지원 분야에 대한 전문 역량, 콘텐츠 품질, 채널 영향력 등을 바탕으로 심사를 진행하므로 기존에 내가 써 오던 주제가 무엇인지 잘 살펴보고 지원해야 한다.

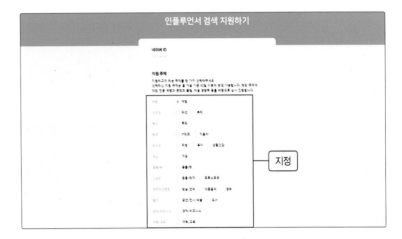

---TIP---

만약 내가 써오던 주제와 다른 분야로 지원하거나 핵심 주제 없이 다양한 주제로 블로그를 운영하고 있다면 탈락할 확률이 높다.

---

5 스크롤을 아래로 내리면 '내 활동 채널'을 기재할 수 있다. 네이버 블로그, 네이버 포스트, 유튜브, 인스타그램 중 운영하는 채널이 있다면 모두 기재하자. '인플루언서 지원하기'를 클릭하면 지원서가 제출된다.

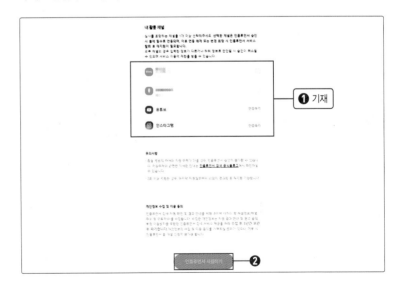

나에게 딱 맞는 지원 분야 고르기

네이버에서 제시하는 20가지 지원 주제

여행, 스타일(패션, 뷰티), 푸드, 테크(IT테크, 자동차), 라이프(리빙, 육아, 생활건강), 게임, 동물/펫, 스포츠(운동/레저, 프로스포츠), 엔터테인먼트(방송/연예, 대중음악, 영화), 컬쳐(공연/전시/예술, 도서), 경제/비즈니스, 어학/교육

지원 주제를 정하기 전, 인플루언서 검색 홈에서 '키워드'를 클릭하여 각각의 분야에서 제시하는 키워드가 무엇인지 살펴보자. 인플루언서 검색은 인플루언서가 된 이후에 네이버에서 제시한 키워드에 내 콘텐츠를 직접 등록해서 노출량을 늘리는 방식이다. 따라서 네이버가 어떤 기준으로 분야를 구분해 놓았는지를 미리 확인하는 것이 중요하다.

▲ 인플루언서 홈의 '키워드' 탭에서 지원 분야별 추천 키워드 확인

─ TIP ─
지원 분야는 홈 개설 기준 30일 이후에 변경 가능하므로 신중히 선택해야 한다.

필자의 경우 마케팅과 브랜딩 관련 콘텐츠를 주로 발행하므로 '경제/비즈니스' 분야로 지원하는 것이 맞지만, 제시된 키워드를 살펴보니 주로 주식과 부동산, 재테크에 대한 이야기가 많았다. 마케팅과 퍼스널 브랜딩, SNS를 두루 포함할 수 있는 적절한 카테고리를 찾을 수 없어 고심 끝에 '도서' 분야 인플루언서에 지원했다.

올라운더 인플루언서 되기

네이버 인플루언서를 심사할 때 네이버 블로그뿐만 아니라 네이버 포스트, 유튜브, 인스타그램 등 다양한 채널을 복합적으로 검토한다. 이는 '블로거'가 아닌 '인플루언서'로서의 영향력을 판단하겠다는 의미로 파악된다.

필자는 최근 유튜브와 인스타그램에 집중하느라 블로그 운영을 소홀히 했음에도 전체적인 채널의 영향력이 높고, 주제의 일관성과 품질이 높다고 판단했는지 한 번에 인플루언서로 승인받을 수 있었다. 이처럼 유튜브나 인스타그램의 영향력이 이미 큰 크리에이터라면 블로그 콘텐츠 개수가 많지 않아도 인플루언서로 승인이 될 확률이 높다.

네이버 인플루언서의 심사 기간은 약 일주일 정도 소요되며, 심사가 완료되면 개별적으로 심사 결과를 메일로 보내준다. 승인이 반려된 경우 재지원이 가능하지만 2회 이상 지원한 경우, 마지막 지원일로부터 30일이 경과된 후에 재지원이 가능하다. 만약 인플루언서로 선정되지 못했다면 전문성 있는 콘텐츠를 열심히 발행한 후 다시 지원하는 것을 권한다.

⑩ 키워드 챌린지 : 네이버 검색 결과에 내 콘텐츠를 직접 등록하자!

네이버 인플루언서 검색의 핵심은 #키워드챌린지다. 네이버는 사람들이 많이 검색하는 키워드를 분야별로 제시하고, 인플루언서는 해당 키워드로 발행한 콘텐츠를 시리즈로 등록할 수 있다. 즉, 알고리즘의 랭킹 시스템에 의해 글이 노출되는 것이 아니라 인플루언서가 직접 검색 결과에 참여하는 방식이다. 네이버에 의하면 영향력 있고 적극적인 창작자의 콘텐츠가 우선적으로 노출된다고 하니 꾸준히 양질의 콘텐츠를 발행하는 것이 가장 중요하다.

#키워드에 맞춰 포스팅하자

네이버 인플루언서가 되었다면 네이버 키워드 검색량뿐만 아니라 #키워드챌린지에서 제시하는 키워드가 무엇인지 유심히 살펴보고 관련 포스팅을 해야한다. 해당 키워드를 검색한 사람들에게 내가 직접 등록한 포스팅이 노출될수 있기 때문이다.

필자의 경우 #퍼스널브랜딩, #마케팅책, #추천도서와 같은 키워드 챌린지에 미리 발행해 둔 유튜브 콘텐츠와 블로그 콘텐츠를 등록해 두었다. 키워드는 계속 추가되므로 수시로 인플루언서 검색 홈에 들어가서 추천 키워드를 살펴보고 관련 내용을 포스팅하는 것이 좋다.

▲ '퍼스널브랜딩' 키워드 검색 결과

─── TIP ───

검색 화면에서 해당 글을 클릭하면 필자의 인플루언서 홈으로 연결되고, 유튜브 콘텐츠가 바로 재생된다.

네이버에서 '퍼스널 브랜딩'을 검색해서 인플루언서 탭을 클릭하면 필자의 콘텐츠가 보인다. 신기한 점은 노출되는 콘텐츠가 블로그 글이 아니라 유튜브 영상이라는 점이다. 키워드 챌린지에는 블로그뿐만 아니라 내가 운영하는 타 채널의 콘텐츠를 등록할 수 있기 때문에 네이버 검색 결과에서 유튜브 콘텐츠가 노출되는 또 다른 방식이 생겨난 것이다.

03 인플루언서 홈 : 내 SNS 영향력을 한곳에 모아보자!

네이버 인플루언서가 되면 '@인플루언서 홈'이 개설된다. 인플루언서 홈이란, 인플루언서의 모바일 홈페이지라고 이해하면 쉽다. 네이버 검색창에서 @ + 인플루언서 닉네임을 검색하면 바로 인플루언서 홈의 간단한 정보와 대표 영상이 담긴 배너가 노출된다.

인플루언서 홈에서는 인플루언서의 상세 정보와 인플루언서가 운영하는 모든 채널의 콘텐츠를 한곳에 모아서 볼 수 있다. 각자의 취향에 맞게 컬러와 디자인을 선택해서 꾸밀 수 있으니, 내 브랜딩 콘셉트에 맞게 꾸며보는 것을 추천한다.

▲ '@퍼스널브랜더'를 검색하면 나오는 필자의 인플루언서 홈

인플루언서 검색 기능은 지속적으로 업데이트되고 있다. 최신 정보가 궁금한 분들은 인플루언서 검색 공식블로그(blog.naver.com/influencer_search)에 들어가서 공지사항을 확인해 보는 것이 좋다.

꼭 네이버 블로그여야 하나요?
: 다양한 블로그 채널 살펴보기

글과 이미지, 영상을 골고루 활용할 수 있는 채널로는 블로그만 한 게 없다. 그렇다면 꼭 네이버 블로그여야만 할까? 네이버 블로그와 유사한 서비스들을 살펴보고, 나에게 더 적합한 채널이 있다면 활용해 보자.

네이버 포스트

네이버 포스트는 '콘텐츠 전문가를 위한 플랫폼'이라는 콘셉트으로 생겨난 채널이다. 모바일에 특화된 인터페이스 덕분에 카드뉴스형 콘텐츠를 손쉽게 만들 수 있었다. 하지만 현재는 네이버 블로그도 모바일에 적합한 형태로 개발되어 네이버 포스트만의 장점이 사라졌고, 카드뉴스 포맷 또한 식상해져서 쓸모가 없어졌다. 사용자 수도 적어 서로 공감을 눌러주거나 댓글을 남겨주는 이웃 활동도 현저히 적다. 그래서 개인 창작자들에게 네이버 포스트를 권하고 싶지는 않다.

> **TIP**
> '콘텐츠 전문가'를 위한 플랫폼으로 전문적인 내용을 올려야 하니 일반인들이 손쉽게 다가가기 어려운 편이다.

1인 미디어 채널이라면 추천!

특정 분야에 전문성을 가지고 1인 미디어 채널로 성장하고 싶다면 고려해 볼만 하다. 이때 네이버 포스트만 운영하기보다 개인 홈페이지를 메인 플랫폼으로 사용하고 네이버 포스트에 동시 발행하는 것을 권한다. 네이버 포스트는 네이버 메인에 노출될 확률이 높기 때문이다.

네이버 메인에 노출되면 유입량이 월등히 높아지기 때문에 채널 및 브랜드 인지도를 높이는 데 큰 도움이 된다. 네이버 포스트를 활용하고 싶다면, 어떤 주제에 우리 채널이 노출될 수 있을지 미리 살펴보고 전략을 짜는 것이 좋다.

> **TIP**
> 예를 들어 퍼스널 브랜딩 전문 미디어를 만들이 운영하고지 한디면 네이버 블로그보다는 네이버 포스트가 더 적합할 수 있다.

카카오 브런치

브런치는 카카오에서 운영하는 SNS 플랫폼으로, '글이 작품이 되는 공간'이라는 콘셉트에 맞게 글을 쓰는 창작자들이 사진이나 편집에 신경 쓰지 않고 오롯이 글만 쓰는 데 집중할 수 있도록 만든 채널이다.

네이버 블로그는 검색 결과에 잘 노출되기 위해 어쩔 수 없이 키워드를 고려한 제목을 작성해야 한다. 그러다보니 감각적인 제목을 마음껏 사용할 수가 없고, 중간중간 사진도 넣어야 한다. 검색과 사진때문에 고민을 하고 있는 사람이라면 카카오 브런치가 좋은 대안이 될 수 있다.

승인받은 작가들의 공간, 브런치

─── TIP ───
출판사에서 브런치를 통해 신규 작가를 발굴하기도 하며, 브런치에서도 '브런치북' 대회를 통해 매년 작가를 발굴하고 출판을 지원하는 프로젝트를 진행하고 있다.

또, 브런치는 네이버 블로그와 달리 누구나 글을 쓸 수 있는 플랫폼이 아니라 작가로 승인받아야만 운영할 수 있는 채널로, '브런치 작가'라는 타이틀이 주는 신뢰도를 함께 얻을 수 있다.

네이버 블로그와 브런치를 동시에 운영하는 작가의 경우, 네이버 블로그에는 가벼운 마음으로 글을 쓴다면 브런치에는 제대로 다듬은 글을 업로드하는 경향이 있다. 그만큼 양질의 글이 쌓이므로 브런치를 발판삼아 작가로 데뷔하는 경우도 많다. 일기가 아니라 에세이를 쓰고 싶다면, 또 전문적인 지식을 바탕으로 출판까지 하고 싶다면 브런치가 좋은 등용문이 될 수 있다.

🔊 **잠깐만요 ::: 브런치 작가되기 노하우**

브런치 작가가 되려면 작가 신청서를 작성해야 한다. 책을 출간한 경험이 있는 작가도 2~3번씩 떨어지는 경우가 있으니 만약 한 번에 통과되지 못해도 좌절하지 말고 다시 도전해 보자.

브런치 작가 신청서를 쓸 때는 출판사에 '출간 기획서'를 작성한다고 생각하고 글을 쓰는 게 좋다. 내가 얼마나 잘난 사람인지를 쓰기보다 '내가 어떤 글을 쓸 수 있는 사람'인지가 더 중요하다. 누구나 쓸 수 있는 이야기보다 나만이 쓸 수 있는 이야기가 무엇인지를 생각하고 작성해야 한다.

예를 들어보자. 마케터가 쓰는 마케팅 이야기는 식상하다. 나 말고도 다른 이들이 쓸 수 있는 이야기이기 때문이다. 하지만 기업에 입사하지 않고도 프리랜서 마케터로 활동하며 좌충우돌 시행착오를 겪은 이야기는 나만 할 수 있는 이야기다. 이처럼 내가 가진 여러 가지 소재 중, 나만 할 수 있는 이야기가 무엇인지 생각해 보자.

브런치, 제대로 노출이 될까?

TIP

브런치와 궁합이 좋은
채널은 페이스북이다.
페이스북은 긴 글이나
지식 콘텐츠를 소비하는
사람들이 많은 편이기도
하고, 공유 기능이 파워
풀하기 때문에 빠른 시
간에 많은 사람들에게
글을 퍼뜨릴 수 있다.

브런치의 단점은 네이버에 비해 노출량이 적다는 것이다. 브런치에서 작성한 글은 네이버 검색 결과에 노출되지 않기 때문이다. 그러므로 브런치에 글을 쓴다면 다른 SNS를 활용하여 적극적으로 글을 퍼뜨리는 것이 좋다.

대신 브런치는 구글에서 검색이 잘 된다. 필자는 2016년부터 네이버 블로그와 브런치에 퍼스널 브랜딩 관련 글을 적어왔다. 네이버에서는 퍼스널 브랜딩과 관련된 신규 블로그의 글이 끊임없이 생산되면서 과거에 적었던 글이 뒤로 밀려버렸지만, 구글에서는 2016년, 2018년에 쓴 필자의 글이 여전히 상위에 노출되어 있다. 구글은 최신 글보다 오래된 글이라도 사람들이 꾸준히 많이 클릭하고 보는 글이라면 상위에 노출시켜주기 때문이다.

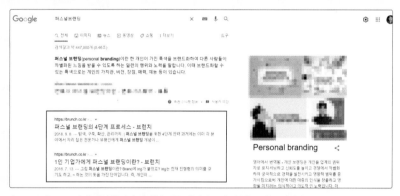

▲ 2016년, 2018년에 작성했지만 여전히 구글 상단에 노출이 되고 있는 필자의 글

이처럼 전문성을 바탕으로 양질의 글을 쓰는 사람에게는 네이버 블로그보다 브런치가 훨씬 유리할 수 있다.

🔊 잠깐만요 ⋮ 네이버 블로그와 브런치를 동시에 운영한다면?

네이버 블로그와 브런치를 동시에 운영하는 경우도 많다. 이 경우 딱 한 가지만 신경 쓰면 된다. 동일한 글을 양쪽 플랫폼에 복사+붙여넣기하여 쓸 경우, 무조건 네이버 블로그에 먼저 써야 한다.

네이버 블로그는 네이버에서 검색되는 게 가장 중요하다. 만약 브런치에 쓴 글을 네이버에 옮겨 적는다면, 유사 문서로 분류되어 검색이 되지 않을 가능성이 높다. 반면 브런치는 네이버 검색을 크게 신경 쓰지 않아도 되기 때문에 유사문서로 분류되어도 상관없다. '퍼스널 브랜딩' 키워드로 구글에서 몇 년간 최단에 노출되어 있는 필자의 글도 네이버 블로그에 쓴 글을 그대로 옮겨 적은 글이다.

티스토리 블로그

TIP
최근 블로그를 활용한 부수입에 관심을 갖는 사람들이 늘어나면서 티스토리를 활용하여 부수입을 창출하는 경우도 많아지고 있다.

티스토리 블로그는 블로그로 수익화를 하고 싶을 때 우선순위로 고려하는 채널이다. 구글의 애드센스 광고 배너를 설치할 수 있기 때문이다. 방문자가 광고 배너를 클릭할 때마다 블로그 주인이 광고 수익을 가져가는 구조로, 네이버에서 제공하는 애드포스트에 비해 구글에서 제공하는 애드센스 광고 수익이 월등히 높다.

▲ 티스토리에서 제공하는 다양한 플러그인

티스토리 블로그는 네이버 블로그에 비해 개인이 커스터마이징을 할 수 있는 자유도가 매우 높다. 웹페이지의 소스코드를 직접 수정할 수 있기 때문에 웹사이트처럼 디자인을 수정할 수도 있고, 개별 도메인을 연결할 수도 있다. 검색 노출은 네이버에서는 쉽지 않지만 구글에서는 잘 되는 편이다.

브랜딩을 목적으로 한다면 티스토리를 추천하지 않는다. 하지만 광고 수익만을 목적으로 한다면 티스토리는 좋은 선택지가 될 수 있다.

워드프레스 블로그

워드프레스는 블로그로 분류되지만 우리나라에서는 홈페이지 목적으로, 해외에서는 주로 개인 블로그 용도로 활용된다.

템플릿을 통해 자유롭게 꾸민다

―――TIP―――
테마를 무료로 구입하더라도 호스팅비를 결제해야 하며, 나만의 도메인을 연결하기 위한 도메인 구입비도 별도로 필요하다.

워드프레스 블로그는 개인이 원하는 디자인과 기능을 구현한 템플릿을 구매하여 설치한 뒤 사용한다. 템플릿은 무료부터 약 100$까지 다양한 선택지가 있으며 블로그나 매거진에 특화된 디자인을 고르면 꽤 멋지게 개인 블로그를 꾸밀 수 있다.

워드프레스의 장점은 자신의 개성과 취향에 맞는 홈페이지를 복잡한 개발 과정 없이 쉽게 만들 수 있다는 것과 구글에서 검색이 매우 잘 된다는 점이다. 또한 구글 애드센스를 설치하여 광고 수익을 추가로 얻을 수 있고, 구글 애널리틱스를 설치하여 방문자 추이나 통계를 자세하게 확인할 수 있다.

▲ 워드프레스로 꾸민 필자의 홈페이지 '뉴워커'

필자 또한 워드프레스를 통해 홈페이지 '뉴워커'를 운영하고 있다. 초보자가 사용하기엔 어려울 수 있지만, 기술을 다루는 것에 큰 어려움을 느끼지 않는 사람이라면 독학으로도 충분히 시작할 수 있다. 따라서 1인 미디어로 비즈니스를 확장하고 싶거나 홈페이지처럼 사용할 블로그가 필요하다면 워드프레스를 한번 살펴보는 것도 좋다.

PART 04

대체 불가 영상 플랫폼,
유튜브

STEP 01 유튜브에서 돈을 버는 방법

최근 몇 년 사이, 유튜브는 그야말로 SNS의 대세가 되었다. 특히, 영상 콘텐츠 분야에서는 대체 불가능한 플랫폼으로 자리잡았다. 이러한 흐름을 따라 많은 사람들이 수익을 목적으로 유튜브를 시작한다. 구독자만 열심히 모으면 고소득이 따라올 것 같지만, 실상은 그렇지만도 않다.

유튜브 자체적으로 제공하는 광고 수익뿐만 아니라 구독자들이 보내주는 슈퍼챗, 구독자 3만 명 이상이 되면 사용할 수 있는 채널 멤버십 기능과 기업 연계까지, 유튜브에서 돈을 버는 다섯 가지 방법과 사람들이 가지고 있는 유튜브 수익의 오해와 진실에 대해 알아보자.

01 유튜브 애드센스 광고

> **TIP**
> 유튜브의 구글 애드센스 광고 수익은 시청자들의 클릭이나 시청 지속 시간에 따라 차등 분배된다.

유튜브에 영상을 올리자마자 바로 돈이 들어오면 얼마나 좋을까? 안타깝게도 그럴 일은 없다. 유튜브를 통해 얻을 수 있는 광고 수익은 '구글 애드센스 수익'으로, 유튜브에서 제시한 수익 창출 기준을 만족시킨 후 심사를 통해 YouTube 파트너가 되어야만 받을 수 있다.

> **TIP**
> 광고 정책에 대한 변화를 유튜브 프리미엄 가입자 수를 늘리려는 의도로 보는 시각도 있다.

과거에는 수익 창출 조건을 만족시킨 유튜버의 채널에만 광고영상이 붙었다. 하지만 최근 들어 수익 창출 계약을 맺지 않은 채널 중에도 브랜드 안정성이 확인된 영상이라면 광고영상이 함께 송출되기 시작했다. 즉, 구독자 1,000명 이하의 채널에도 광고영상이 나오게 된 것이다. 이 경우에는 크리에이터에게 수익이 지급되지 않고, 유튜브가 전적으로 광고 수익을 가져간다.

유튜브 광고의 세 가지 기준

그럼 수익 창출 기준은 무엇일까? 광고주 입장에서 어떤 영상에 광고를 붙이고 싶을지 생각해 보자. 이왕이면 구독자가 많은 채널이나 조회 수가 높은 영상, 꾸준히 영상을 업로드하는 채널에 광고를 싣고 싶을 것이다. 폭력적이거나 불편한 내용을 다루는 영상에 광고를 올리면 효과가 적거나 기업 이미지에도 좋지 않기 때문이다.

유튜브는 이런 요구사항을 명확한 기준으로 명시해 두었다.

> ❶ 구독자 수가 1,000명이 넘어야 한다.
> ❷ 최근 1년간 공개한 동영상의 유효 시청 시간이 4,000시간이 넘어야 한다.
> ❸ 광고주 친화적인 콘텐츠 가이드라인을 준수하는 콘텐츠를 제작해야 한다.

┌─── TIP ───┐
비공개 동영상이나 일부
공개 동영상의 시청 시
간은 포함되지 않는 것
도 알아둬야 한다.

기본적으로 ❶번과 ❷번의 조건을 모두 충족해야 유튜브 광고 수익을 신청할 수 있는 상태가 된다. 즉, 유튜브 채널의 구독자 수가 아무리 많아도 영상을 오랫동안 올리지 않아 최근 1년간의 누적 시청 시간이 적다면 광고 수익을 신청할 수 없다.

업로드하는 콘텐츠의 내용도 중요하다. 광고주에게 친화적이지 않은 콘텐츠란, 폭력적이거나 부적절한 언어를 사용한 콘텐츠, 성인용 콘텐츠나 논란의 소지가 있는 문제를 다루는 콘텐츠 등을 말한다. 채널에 이러한 영상이 주를 이룬다면 수익 창출은 불가능하다

┌─── TIP ───┐
수익 창출 메뉴에서 조
건이 어느정도 달성되
어느지 화이할 수 읻다
채널 수익 창출 자격요
건이 충족되면 이메일
로 알람이 온다.

▲ 유튜브 수익 창출 조건이 미충족된 화면

유튜브 광고의 세 가지 조건이 만족된 상태에서 유튜브 크리에이터 스튜디오의 '수익 창출' 메뉴를 클릭하면 수익 창출 신청 메뉴가 나타난다. 그때부터는 유튜브의 가이드대로 차근차근 따라가기만 하면 된다. 최종적으로 수익 창출이 승인되면 내 영상에 광고를 삽입할 수 있는 기능이 활성화가 되며 어떤 형태의 광고를 넣을지 직접 설정할 수 있다.

⑫ 유튜브 프리미엄(YouTube Premium)

유튜브 프리미엄은 유료 멤버십 서비스로, 가입을 하면 유튜브뿐만 아니라 유튜브 뮤직도 함께 이용할 수 있다. 프리미엄 멤버십은 광고 없이 콘텐츠를 즐길 수 있는 것이 가장 큰 특징이다. 화면을 끄거나 다른 앱을 사용하면서도 영상과 음원을 이용할 수 있으며 동영상을 휴대기기에 저장하여 오프라인 환경에서도 영상을 시청할 수 있다.

유튜브 프리미엄 가입자는 광고를 시청하지 않기 때문에 크리에이터 수익에 전혀 기여하지 않는다고 생각할 수 있다. 하지만 실상은 전혀 그렇지 않다. 유튜브는 별도의 기준을 가지고 프리미엄 가입자의 콘텐츠 시청 분량을 기준으로 구독료 일부를 크리에이터에게 수익으로 지급하고 있다.

만약 프리미엄에 가입하지 않은 시청자가 영상을 본다면 광고를 일정 시간 이상 시청해야 수익이 창출되지만, 프리미엄 가입자는 영상을 보기만 해도 크리에이터에게 수익이 발생한다.

03 브랜디드 콘텐츠

인기 유튜버의 인터뷰를 살펴보면 의외로 '유튜브 광고 수익은 얼마 안 돼요.'라고 말하는 경우가 종종 있다. 그럼 유튜버들은 어떻게 돈을 버는 걸까? 바로 기업의 광고를 통해 돈을 번다. 좀 더 자세히 말하자면 기업의 제품을 홍보하거나 기업이 원하는 방향으로 영상을 제작하고 돈을 받는 형태로 수익을 벌어들인다. 이를 '브랜디드 콘텐츠'라고 한다.

🔊 잠깐만요 ⋯ 유튜브 브랜디드 콘텐츠의 유의사항

브랜디드 콘텐츠 제작을 할 때도 지켜야 할 유의사항이 있다. 이를 지키지 않으면 불이익을 받을 수 있으므로 반드시 숙지하도록 하자.

❶ 제품협찬 및 광고료 등 경제적 대가를 받아 제작할 경우, 어떠한 경제적 대가를 받았는지 명확하게 표기해야한다.

> **예** • 모든 경우 : #유료광고 #광고 #상업광고
> • 광고비, 수수료 등 금전 형태를 받은 경우 : #광고비지급 #수수료지급 #금전적지원 #제작비지원 #제작비협찬 #판매수익의일부지급 등
> • 상품 등을 무료로 제공 받은 경우 : ~협찬, ~무료제공 ~무료지원 등

• 체험후기, 일주일 동안 사용해 보았음, 체험단, 이 글은 정보/홍보성 글임, 이 글은 홍보문구가 포함되어있음, Thanks to, 브랜드명×계정명 등의 애매한 표기는 인정되지 않는다.

❷ 게시물 제목 앞부분에 경제적 이해관계 사실을 표기해야 한나.
제목을 보자마자 광고임을 인지할 수 있어야 하며, 모바일에서도 잘 보일 수 있게 제목 앞쪽에 표기해야 한다. 댓글이나 '더보기'를 눌러서 확인 가능한 곳에 표기하면 안 된다.

❸ 영상 시작, 중간, 끝에 반복적으로 이해관계를 표시해야 한다.
• 시작 : 유튜브 내의 기능인 '유료광고포함' 배너를 이용한다.
• 중간 : 영상을 중간부터 시청하는 소비자들도 광고임을 인지할 수 있도록 5분마다 광고 문구를 노출한다.
• 끝 : 종료 시점에도 광고 사실을 표기해야 한다.

❹ 광고에 해당하는 부분이 재생되는 동안 '유료 광고' 등 광고임을 쉽게 알 수 있는 배너를 활용하여 동영상에 표기해야 한다.

(출처 : 추천, 보증 등에 관한 표시, 광고 심사지침에 따른 유튜브 광고 및 협찬 표기)

과거 유명 연예인에게 사용되었던 수많은 광고비가 이제는 유튜버로 향하고 있다. 기업의 소비자 타겟과 채널 구독자가 유사한 유튜버에게 제품 광고를 의뢰하면 연예인을 광고 모델로 쓰는 효과 못지않게 성과를 낼 수 있기 때문이다. 오히려 저비용으로 더 큰 효과를 보는 경우도 많아 유튜버에게 브랜디드 콘텐츠를 의뢰하는 기업은 점점 더 늘고있다.

(04) 슈퍼챗

슈퍼챗은 유튜브 라이브 방송 중 팬들이 보내는 후원금이다. 아프리카TV의 별풍선과 같은 개념이며, 수익 창출이 승인된 채널 중 운영자의 나이가 18세 이상이라면 누구나 슈퍼챗을 통해 수익을 낼 수 있다.

수많은 사람들과 동시에 채팅할 때 슈퍼챗 메시지를 보내면 일반 메시지와 달리 상단에 강조되어 눈에 잘 보이기 때문에 크리에이터에게 내 메시지를 확인해 달라는 용도로 쓰이기도 한다. 또 후원 금액이 커질수록 메시지가 상단에 노출되는 시간도 길어진다.

━━TIP━━
1만 원을 후원하면 5분 동안, 10만 원을 후원하면 1시간 동안 메시지가 고정된다. 슈퍼챗은 최소 1,000원부터 최대 50만 원까지 후원할 수 있다.

▲ 여러 채팅 중 강조되어있는 슈퍼챗 메시지

▲ 슈퍼챗 활성화와 관리를 할 수 있는 유튜브 크리에이터 스튜디오의 '수익 창출' 메뉴

─── TIP ───
필자의 경험에 따르면 슈
퍼챗으로 4만 원을 받았을
때 입금된 금액이 25,448
원으로, 약 36.38%의 수
수료가 공제되었다. 크리
에이터는 슈퍼챗 금액에
서 현지 판매세 및 App
Store 수수료를 공제한 후
구글에서 인식한 수익의
70%를 받게 된다고 명시
되어 있다.

슈퍼챗 메시지와 비슷한 기능으로 '슈퍼 스티커'라는 기능도 있다. 채팅 메시지 대신 이모티콘 스티커를 구매해서 보내는 방식으로 크리에이터에게 인사하거나 축하할 일이 생겼을 때 사용하는 경우가 많다.

05 채널 멤버십

─── TIP ───
대표적인 멤버십 혜택으
로는 회원 전용 배지, 그
림 이모티콘 사용과 멤
버십 회원만을 위한 게
시물이나 영상, 라이브
방송 이용 등이 있다.

유튜브 채널 멤버십은 구독자 전용 유료 멤버십으로, 채널 구독 옆의 '가입'
버튼을 클릭해 가입할 수 있다. 멤버십에 가입한 구독자는 매월 이용료를 지불하며, 크리에이터가 제공하는 추가 혜택을 받을 수 있다.

- 채널 구독자 수 30,000명 초과
- YouTube 파트너 프로그램에 가입된 채널
- 만 18세 초과
- 멤버십 기능 제공 지역에 거주
- 채널에 커뮤니티 탭이 있음
- 아동용으로 설정된 채널이 아님
- 채널에 부적격한 동영상이 많지 않음
- 아동용으로 설정된 동영상 또는 음악 소유권 주장이 제기된 동영상은 부적격한 것으로 간주함
- 크리에이터(및 소속 MCN)가 YouTube 약관 및 정책(해당하는 상거래 제품 관련 추가 조항 포함)에 동의하고 이를 준수함

▲ 유튜브 채널 멤버십의 활성화 조건

TIP

월간 요금은 크리에이터가 직접 정할 수 있으며 관련 세금 및 수수료를 공제한 후 멤버십 수익의 70%를 갖게 된다.

위 조건을 충족하면 유튜브 크리에이터 스튜디오의 '수익 창출' 메뉴 내의 멤버십 기능이 활성화된다.

채널 멤버십의 운영 여부는 크리에이터가 판단하며, 멤버십 금액과 혜택 모두 스스로 설정할 수 있다. 크리에이터가 광고 수익 외에 구독자로부터 직접 돈을 받을 수 있어 안정적인 수입원을 확보할 수 있다는 장점이 있다.

▲ 멤버십 혜택을 설정할 수 있는 유튜브 크리에이터 스튜디오의 '수익 창출' 메뉴

⑥ 유튜브 수익의 오해와 진실

한때 유튜브에서는 '수익인증' 영상이 유행이었다. 유튜버의 수익이 궁금한 사람들이 많았기에 해당 영상은 항상 높은 조회 수를 기록했었다. 수익공개 영상을 살펴보면, 유튜버의 광고 수익이 천차만별이라는 사실을 알 수 있다. 채널 구독자 수가 같더라도 수익의 규모는 하늘과 땅차이인 것이다. 지금부터 유튜브 수익에 대한 오해와 진실을 살펴보자.

조회 수 1회당 1원이다 - NO!

영상을 클릭하면 조회 수가 올라가지만, 조회 수가 올라갔다고 무조건 광고비가 발생하는 것은 아니다. 만약 광고를 빠르게 건너뛰었다면 크리에이터에게 돌아가는 수익은 0원일 수도 있다. 즉 애드센스 광고를 얼마나 봤는지, 어떤 종류의 영상 광고가 삽입되었는지에 따라 수익은 달라진다.

┌─────TIP─────┐
일반적으로 선진국이라
고 불리는 국가의 광고
단가가 더 높은 편이다.
└──────────────┘

심지어 시청 국가에 따라 수익도 달라진다. 나라마다 구글 애드센스 광고비로 책정된 금액이 다르기 때문이다. 동일한 영상을 시청했더라도 대한민국이냐, 미국이냐, 베트남이냐에 따라 광고 수익은 달라진다. 그러므로 조회 수만 보고 광고 수익을 예측하는 것은 불가능하다.

구독자 수가 많으면 무조건 수익이 더 많이 발생한다 - NO!

일반적으로 광고 수익에 있어서는 구독자 수보다 조회 수가 더 밀접하게 영향을 주며, 정확하게는 '시청 시간'이 가장 중요한 영향을 미친다. 구독자 수가 조회 수 및 시청 시간을 보장해주지는 않기 때문에, 구독자 수와 수익은 비례한다고 볼 수 없다.

구독자 수가 적더라도 영상의 조회 수가 높다면 광고 수익이 더 많이 발생한다. 따라서 높은 광고 수익을 기대한다면 조회 수가 높은 영상을 기획하거나 영상 개수를 늘려야 한다.

구독자 10만 명, 회사를 다니지 않아도 될까? - Yes or No

구독자 10만 명 정도로 전업 유튜버를 하는 경우는 많지 않다. 오롯이 광고 수익만으로는 꾸준하게 수익을 내기 힘들다. 그렇다고 브랜디드 콘텐츠에 너무 의존하는 것도 좋지 않다. 또 너무 잦은 광고는 구독자에게 피로감을 줄 수 있기 때문에 전업 유튜버를 꿈꾼다면 유튜브 채널로 인해 생긴 영향력으로 추가적인 수익 모델을 구상하는 것이 좋다.

STEP 02 어떤 콘텐츠가 살아남을까?

유튜브에서 촬영 스킬과 영상의 퀄리티보다 더 중요한 것은 콘텐츠 그 자체다. 뛰어난 퀄리티의 영상이 아니더라도 콘텐츠만 좋다면 조회 수가 '빵' 터질 수 있는 곳이 바로 유튜브이기 때문이다. 성공의 핵심은 콘텐츠 그 자체라는 것을 명심하자.

01 일단 시작해 보자! 유튜브 콘텐츠 포맷 알아보기

처음부터 나만의 콘텐츠를 기획하는 것은 쉽지 않다. 우선, 유튜브의 대표적인 콘텐츠를 살펴보고 내가 잘 만들 수 있는 포맷은 무엇인지, 나의 관심 주제와 부합하는지 따져보는 과정이 필요하다.

브이로그(V-log)

유튜브에서는 일상도 콘텐츠가 될 수 있다. 브이로그는 Video와 log를 합친 신조어로, 동영상에 일상을 담아내는 콘텐츠를 의미한다. 특히 MZ 세대는 유튜브를 통해 타인의 일상을 보는 것을 즐긴다. 좋아하는 브이로거의 영상을 보며 잠드는 것은 물론, 비교적 긴 20~30분짜리 영상이 올라와도 감사해하며 그들의 일상을 즐긴다.

▲ 브이로그 콘텐츠의 예시

206

TIP
해외 거주자나 특이한 직업군에 대한 일상 공유 영상의 인기가 높은 편이다.

브이로그를 찍고싶다면 '콘셉트'가 명확해야 한다. 지극히 평범한 사람의 일상도 콘텐츠가 될 수 있지만 신입사원 브이로그와 같은 직장인 브이로그나 육아, 공시생 브이로그 등으로 콘셉트를 명확히 하는 것이 좋다. 내가 가고 싶은 길을 미리 걷는 선배의 이야기를 보며 궁금한 점을 묻기도 하고, 비슷한 사람들과 공감대를 형성할 수 있기 때문이다.

덕후 브이로그, 먹방 브이로그 등 나의 취미나 관심사를 주제로 일상을 찍어보고 내가 가진 일상 중 특별한 요소가 있다면 브이로그에 도전해 보자.

지식 & 노하우

요즘은 지식과 노하우가 콘텐츠가 되는 시대다. 내가 가진 경험과 노하우를 영상으로 공유한다면 많은 사람들의 호응을 얻을 수 있다. 과거에는 뛰어난 실력이나 학벌을 가진 사람만 지식을 공유한다고 여겼지만 이제는 어린 학생도 자기만의 노하우를 얼마든지 공유할 수 있다. 유튜브에서는 지식과 노하우의 뛰어남보다 얼마나 많은 사람들이 잘 이해할 수 있도록 전달하는지가 더 중요하다.

지식과 노하우 콘텐츠는 영상 촬영이나 편집 스킬이 뛰어나지 않아도 나눌 수 있는 이야기만 있다면 영상을 손쉽게 만들 수 있다. 영상미보다 목소리가 더 중요한 요소가 되므로 저렴한 마이크라도 꼭 구입해서 촬영하기를 추천한다. 더불어 자막까지 넣는다면 꼭 소리가 들리지 않더라도 시청이 가능하기 때문에 시청자 만족도가 높아진다.

인터뷰

지식과 노하우 콘텐츠가 나의 경험과 지식을 바탕으로 한다면, 인터뷰는 타인의 이야기를 이끌어내는 능력이 필요하다. 인터뷰 콘텐츠는 대상자가 누구냐에 따라 영상의 성패가 나뉘므로 섭외력이 중요한 요소가 될 수 있다. 채널의 주제를 정하고 적극적으로 인터뷰이를 섭외하기 위해 노력해야 하며, 인기 유튜버와 콜라보레이션을 하는 것도 좋은 방법이다.

만약 준비 없이 즉흥적으로 인터뷰를 진행하면 편집할 때 힘이 들 수가 있으니, 사전에 인터뷰 질문을 준비하는 것을 추천한다. 미리 콘텐츠 방향을 상의하고 촬영하면 훨씬 더 전달력 좋은 콘텐츠를 만들 수 있다.

리뷰

제품을 구매하기 전, 유튜브에서 해당 제품의 리뷰를 검색하는 것은 이제 일상이 되었다. 사람들이 궁금해 할 만한 제품의 사용 후기를 영상으로 공유한다면 그 자체만으로도 좋은 콘텐츠가 된다. 한발 더 나아가 비슷한 제품군과 비교하거나 특장점을 설명하면 소비자의 선택을 도와주는 역할도 할 수 있다.

뷰티 유튜버는 화장품 리뷰를, 먹방 유튜버는 음식 리뷰를, IT 유튜버는 신제품 기기 리뷰를 하는 것처럼 유튜브의 거의 모든 카테고리가 리뷰 콘텐츠에 해당하는 만큼 선택의 폭이 넓다.

언박싱(Unboxing)

언박싱 영상도 유튜브에서 쉽게 볼 수 있는 포맷이다. 명품이나 생일선물, 쇼핑하울 언박싱 등 특별한 제품을 구입했거나 대량으로 물건을 구매했을 때 주로 제작하는 포맷이다.

▲ 언박싱 콘텐츠의 예시

언박싱은 단순히 제품을 소개하고 리뷰하는 콘텐츠와는 다르다. 택배 받은 상태 그대로 촬영을 시작하며 테이프를 뜯고, 포장지를 벗겨 제품을 꺼내는 모든 과정을 보여준다. 시청자는 유튜버와 제품 포장을 같이 뜯어보는 대리 설렘을 느낄 수 있다.

Q&A

Q&A는 구독자들의 질문에 답변을 하는 콘텐츠로, 보통 구독자가 어느정도 많아지면 제작하게 된다. 구독자들에게 질문을 받고 답변을 영상으로 촬영하거나 라이브 방송을 통해 바로 알려주는 방식이다. Q&A를 통해 질문과 답변을 주고받다 보면 구독자들과 한층 더 가까워질 수 있다.

▲ Q&A 콘텐츠의 예시

㉒ 사람들이 원하는 콘텐츠를 만들자

초보자가 가장 많이 하는 실수 중 하나는 내가 말하고 싶은 이야기만을 늘어놓는 것이다. 물론 내가 다루고 싶은 주제와 이야기에서 시작해야 할 수 있는 이야기가 많고 오래오래 유튜브를 운영할 수 있다. 문제는 내가 하고 싶은 이야기가 사람들에게 매력적이지 않다면 유튜브 채널의 성장은 제자리걸음이라는 점이다.

크리에이터는 단순히 콘텐츠를 상작하는 사람이 아니라 집파물로 사람들에게 영감을 주거나 마음을 움직이는 사람이어야 한다. 그러므로 내가 원하는 주제를 다루더라도 사람들이 보고 싶은 콘텐츠로 만드는 능력이 필요하다.

꾸준히 만들 수 있는 주제 찾기

시청자가 구독자가 되고 팬이 되기까지는 시간이 걸릴 수밖에 없다. 그동안 크리에이터는 꾸준히 콘텐츠를 만들어야 한다. 그러므로 콘텐츠 소재를 결정할 때 가장 중요한 것은 '꾸준히 만들 수 있는 주제'다. 내가 다루고 싶은 주제를 떠올린 뒤 유튜브 영상을 만든다고 생각하고 제목을 최소 10개 이상 정리해보자. 의외로 생각이 나질 않는다면 다른 주제를 떠올리는 게 나을 수 있다.

┌────TIP────┐
북튜브를 포기한 이후,
북튜브 형식 대신 강의
와 토크 형식의 콘텐츠
를 다루되, 내가 자신있
는 퍼스널 브랜딩을 주
제로 해야겠다고 결정
했다. 지금 와서 생각해
도 참 잘한 결정이었다.
└───────────┘

주제를 정하고 나면, 머릿속으로 생각만 하기보다 무조건 찍어보는 것을 권한다. 머리로 상상하는 것과 직접 촬영해 보는 것은 꽤 다르기 때문이다. 필자 또한 영상 3개를 찍어본 뒤 포기한 주제가 있다. 평소에 관심이 있었던 경제경영서 중심의 북튜브를 운영하려고 했는데, 영상을 3편 정도 찍고 나니 '이 주제로는 주 1회 꾸준히 업로드하긴 힘들겠구나.'라는 생각이 들었다. 촬영 준비 시간이 생각보다 길었고, 콘텐츠 퀄리티도 만족스럽지 못했기 때문이다.

시장의 규모를 고려하라

퍼스널 브랜딩 콘텐츠를 만들면서의 고민은 '시장의 규모'였다. 유튜브를 시작했던 2018년 당시, 여전히 '퍼스널 브랜딩'이라는 단어는 생소했고 검색하는 사람들은 역시 많지 않았다. 퍼스널 브랜딩에 관심있는 모두가 내 채널을 구독한다고 해도 구독자가 1만 명 이상이 되긴 쉽지 않다고 생각했다. 그래서 한 단계 확장된 주제인 '마케팅' 콘텐츠를 다루기 시작했다. 퍼스널 브랜딩보다는 브랜딩이, 브랜딩보다는 마케팅이 사람들에게 더 쉽게 접근할 수 있는 콘텐츠라고 판단했기 때문이다.

시장의 규모를 판단할 수 있는 가장 쉬운 방법은 역시 '검색량'이다. 구글이나 유튜브에서는 자체적으로 검색량 데이터를 제공하지 않기 때문에 네이버에서 제공하는 검색량 데이터를 활용해야 한다. 내가 다룰 수 있는 주제와 소재의 검색량을 확인하고, 최소 월 5,000명 이상이 검색하는 키워드를 주제로 삼는 것이 좋다.

경쟁 콘텐츠를 분석하라

주제가 정해졌다면 해당 주제로 영상을 만들고 있는 다른 크리에이터의 영상을 찾아보자. 그들의 영상 중 조회 수가 높은 영상을 특히 눈여겨볼 필요가 있다. 어떤 내용을 담고 있는지, 제목은 무엇인지 살펴볼 뿐만 아니라 댓글까지 꼼꼼히 체크하는 것이 좋다. 댓글을 통해 사람들이 이 콘텐츠의 어떤 부분을 좋아하는지 더 구체적으로 알 수 있기 때문이다.

자, 이제 분석한 내용을 벤치마킹하여 나의 콘텐츠를 만들어보자. 벤치마킹과 베끼는 것은 엄연히 다르다. 해당 주제와 영상의 어떤 포인트가 사람들의 마음을 사로잡았는지 정확하게 이해하고, 이를 바탕으로 나만의 콘텐츠를 다시 만들어야 한다. 이미 다른 크리에이터가 동일 주제의 영상을 많이 찍었다고 주눅들 필요도 없다. 동일한 주제라도 누가 말하느냐에 따라서 전혀 다르게 받아들여질 수 있기 때문이다.

🔊 **잠깐만요 ⋯ 실전! 벤치마킹 보고서 작성하기**

경쟁 유튜버의 콘텐츠와 댓글을 분석하여 내 영상에 적용할 만한 포인트를 찾아보자.

	(예시)	영상 1	영상 2
채널명	뭐해먹고살지?		
구독자 수	2만 6천		
영상 제목	마케팅 입문서 추천 및 공부법 팁		
조회 수	1만		
주요댓글	• 책을 어떻게 활용하면 좋을지도 알려주셔서 넘 좋아요! • 책을 읽기는 하는데 어떻게 더 공부해야하지? 싶었는데 도움이 될 것 같아요.		
벤치마킹 포인트	책 추천 뿐 아니라 활용 방법을 접목시켜 설명해 주기		

니치 콘텐츠를 공략하라

사람들이 관심 있는 주제인데 관련 영상이 거의 없다면 도전해 볼 만 하다. 이를 '니치 콘텐츠(Niche Contents)'라고 한다. 니치(Niche)는 틈새라는 뜻으로, 니치 콘텐츠는 소수를 위한 콘텐츠를 말한다. 상대적으로 조회 수는 적을 수 있으나 오랜 시간 사람들에게 사랑받을 수 있다. 시장이 작기 때문에 경쟁 콘텐츠가 생겨날 확률 또한 적기 때문이다.

TIP
경제학에서는 이를 '롱테일 현상(Long Tail)'이라고 설명한다.

주요 상품 몇 개만 잘 팔려도 회사가 성장할 수 있는 커머스 시장과 달리, 온라인 콘텐츠 시장에서는 단 하나의 콘텐츠만으로 성장하기란 쉽지 않다. 영상 하나의 조회 수가 100만 회가 되더라도 1달 뒤에 아무도 그 영상을 보지 않으면 소용이 없기 때문이다. 단, 조회 수가 100회더라도 매달 100명씩 꾸준히 그 영상을 봐주는 사람들이 있다면 이는 의미 있는 숫자가 된다.

니치 콘텐츠는 소수를 만족시킬지언정 그들에게 꼭 필요한 콘텐츠를 제공하기 때문에 시청자가 구독자로 전환될 확률도 높고, 꾸준히 그 영상을 봐 주는 사람이 생겨나기 때문에 영상의 수명이 길다. 니치 콘텐츠가 차곡차곡 쌓이다 보면 유튜브는 안정적으로 성장해 나갈 수 있으며, 특히 유튜브 초반에 니치 콘텐츠를 만들면 팬을 만드는 데 큰 도움이 된다.

▲ 영상 업로드 후 2년 동안 시청자를 꾸준히 확보한 니치 콘텐츠 그래프

구독자 댓글에 귀 기울이기

영상을 올리고 나면 사람들이 댓글을 달아준다. 댓글에는 영상에 대한 피드백뿐만 아니라 그들의 요청사항이 담겨있다. 하루는 필자의 강의 영상에 '브이로그 보고싶어요!'라는 댓글이 달렸다. 누군가는 강의 형식의 영상만 올리는 나의 '일상'을 궁금해한다는 사실을 알 수 있었고, 정성껏 브이로그를 찍어서 업로드했다. 브이로그를 요청했던 그분은 자신의 요청이 반영되어 기쁘다는 댓글을 또 남겨주었다.

이처럼 구독자의 요청사항을 반영한 콘텐츠를 만든다면 사람들은 자신의 의견이 반영되는 것에 대한 기쁨을 느낄 수 있고, 크리에이터도 조금 더 가깝게 구독자와 소통할 수 있다.

물론, 뼈아픈 피드백도 달릴 수 있다. 유튜브 운영 초기, 한 영상에 '제발 서론 좀 빼주세요. 바로 본론으로. 요즘 시청자들은 서론 긴 유튜버 힘들어해요.'라는 댓글이 달렸다. 15분가량 되는 영상의 5분 19초부터 보라는 댓글에는 좋아요가 무려 120개였다. 오프라인 강의가 익숙했던지라 영상 서론에 맥락을 설명하는 이야기를 꼭 덧붙였는데, 그게 불편하다는 뜻이었다.

댓글을 본 뒤 가능한 한 본론부터 이야기하도록 노력을 했고, 결과적으로 시청 지속시간이 큰 폭으로 상승하는 결과를 얻었다. 만약 기분이 나쁘다는 이유로 그 댓글을 흘려 넘겼다면 영상 퀄리티가 상승할 수는 없었을 것이다. 매력적인 영상 콘텐츠 기획, 그 답은 구독자에게 있다. 항상 댓글을 주목하고 구독자의 목소리에 귀를 기울이자.

클릭률을 높여보자! 썸네일 & 제목

아무리 좋은 콘텐츠를 만들었더라도 아무도 클릭하지 않으면 소용이 없다. 사람들이 원하는 키워드를 검색하면 동일한 주제의 영상이 여러 개가 노출되는데 그중 어떤 영상을 먼저 클릭하느냐에 따라 그 채널과 영상의 성공 여부가 결정된다. 클릭의 핵심은 썸네일과 제목이다. 썸네일을 매력적으로 디자인하고 제목과 문구를 카피라이팅하여 사람들의 클릭을 유도해 보자.

01 눈에 띄는 썸네일 디자인하기

광고에서는 3B만 있으면 무조건 주목도가 높아진다는 이야기가 있다. 3B는 Beauty, Baby, Beast(미녀, 아기, 동물)로, 일단 사람들의 눈길을 사로잡는 힘이 있는 소재라는 뜻이다. 하지만 이 세 가지 모두 사용할 수 없다면 어떻게 해야 할까? 눈에 띄는 썸네일을 디자인할 때 고려해야 할 사항에 대해 알아보자.

이왕이면 클로즈업된 얼굴을 담아라

사람들이 썸네일만 보고도 내 채널을 인지할 수 있어야 영상을 놓치지 않고 시청할 수 있다. 유튜브는 크리에이터가 중심이 되는 플랫폼이므로 크리에이터의 얼굴이 드러나는 영상의 반응이 더 좋고, 내 채널을 인지시키기에도 효과적이다. 또렷하게 클로즈업된 얼굴을 썸네일에 담아보자.

눈에 잘 띄는 컬러를 사용하라

썸네일에 사진만 사용하는 경우는 거의 없다. 사진 위에 적절한 카피를 적어 사람들의 시선을 사로잡는 것이 일반적이다. 이때, 카피에 많이 사용되는 컬러가 있다. 바로 노란색이다.

노란색 글씨에 검은색 테두리를 사용하면 명시성이 높아져 멀리서도 잘 보이기 때문에 유튜브 썸네일 카피 컬러로 추천한다. 꼭 노란색을 사용하지 않더라도 사진이나 배경 위에 쓴 글씨가 눈에 잘 띄는지 꼭 확인해 보자.

─── TIP ───
필자는 주로 어두운 배경색에 형광빛이 도는 글자색을 조합하여 사용한다.

▲ 눈에 잘 들어오는 노란 배경에 검은 글씨 조합

가독성 좋은 폰트는 필수!

컬러만큼 중요한 것이 바로 폰트다. 어떤 폰트를 사용하느냐에 따라 가독성이 크게 달라지기 때문이다. 인기 영상들을 잘 살펴보면 거의 비슷한 느낌의 폰트를 사용하는 것을 알 수 있다. 명조보다는 고딕체를 사용하고, 이왕이면 두껍고 굵은 폰트를 사용하는 것이 좋다. 그래야 눈에 잘 띄기 때문이다.

─── TIP ───
가독성이 좋은 무료 폰트로는 티몬 몬소리체, 여기어때 잘난체, 검은고딕체(Black Han Sans), G마켓산스 Bold체, 에스코어드림 Black체가 있다.

▲ 가독성이 좋은 검은고딕체 사용 예시

ⓒ2 클릭률을 높이는 카피라이팅의 비밀

썸네일 디자인만큼 영상의 제목과 썸네일에 들어가는 문구도 매우 중요하다. 유튜브 특성상 긴 문장보다는 짧고 강렬한 문구로 눈길을 끌고, 클릭을 유도해야 한다. 이는 광고 카피(Copy)와 유사하다. 클릭률을 높이려면 제목은 어떻게 카피라이팅 해야할까?

신뢰도를 높이는 방법 - 주체 밝히기

유튜브는 크리에이터가 중심인 플랫폼이다. 즉, 같은 이야기를 하더라도 '누가 말하느냐'에 따라 중요도가 달라진다. 콘텐츠를 기획할 때부터 '나'이기 때문에 더 신뢰가 갈만한 주제를 찾는 것이 중요하고, 이를 카피에 적절히 녹여내는 것이 필요하다.

──── TIP ────

해외여행 시 꼭 구매해야 할 꿀템을 알려줄 때도 '승무원이 추천하는' 영상의 조회수가 더 높은 이유를 생각해 보자.

예를 들어 '유튜브 구독자 1만 명 만드는 방법'을 영상으로 찍으려고 한다. 누가 알려주면 좋을까?

> **1달 만에 구독자 1만 명을 만든 유튜버가 알려주는** 유튜브 구독자 1만 명 만드는 방법
>
> **유명 MCN 회사 담당자가 알려주는** 유튜브 구독자 1만 명 만드는 방법
>
> **유튜브 전문 마케터가 알려주는** 유튜브 구독자 1만 명 만드는 방법
>
> **5년차 유튜버가 알려주는** 구독자 1만 명 만드는 방법

이처럼 동일한 주제라도 누가 알려주느냐에 따라 기대되는 내용도 달라진다. 마찬가지로 클릭하고 싶은 마음도 달라질 수밖에 없다.

주목도를 높이는 방법 - 대상 밝히기

길거리에서 급하게 사람들의 도움이 필요한 상황이 생겼을 때, '여러분 도와주세요!'보다 '거기 빨간색 셔츠 입으신 분, 좀 도와주시겠어요?'라고 말하는 것이 더 좋다고 한다. '여러분'의 대상은 너무나도 모호하기 때문이다. 강력한 주목을 위해서는 정확하게 '저요?'라고 불러 세우는 멘트가 필요하다.

> **To. 예비 마케터** 내가 생각하는 마케터의 자질 5가지
>
> **왕초보를 위한** 블로그 노하우 검색이 되는 글쓰기 vs 검색이 절대 안되는 글쓰기
>
> **마케터를 위한** 추천 사이트 Best3

제목에서부터 '누구'를 위한 콘텐츠인지 명확하게 밝혀라. 적어도 그 사람만큼은 내 영상을 지나칠 수 없게 될 것이다.

호기심을 유발하기 - 왜 그럴까? / ~한 이유 / 시크릿 / 비밀

사람의 뇌는 상대방이 질문을 던졌을 때 나도 모르게 '답이 뭐지?'하고 답을 찾으려 노력한다고 한다. 같은 원리로, 질문형 제목은 사람들이 클릭하고 싶게 만드는 매우 매력적인 방법이다.

사람들이 궁금해할 만한 소재를 정하고 '왜 그럴까?' 혹은 '~ 한 이유'와 같은 제목을 붙여보자. 궁금해서 그냥 지나치기 힘들 것이다. '~의 비밀', '~의 정체', '누구에게도 알려주고 싶지 않은~' 등과 같이 호기심을 유발하는 단어를 적절히 사용하는 것도 좋다.

구독자 100만 명이 넘는 '조승연의 탐구생활' 채널을 살펴보면 다음과 같은 카피를 쉽게 찾아볼 수 있다. 조회 수 또한 매우 높다.

> • 슈퍼스타들은 어떤 아파트에 **살까?** (조회 수 97만 회)
>
> • 실리콘밸리 부자들이 후드티만 입는 **이유?** (조회 수 88만 회)
>
> • 소주는 왜 비싸지 **않을까?** (조회 수 56만 회)
>
> • JOKER 계단의 **진짜 의미** (조회 수 65만 회)
>
> • 50유로에 그려진 '이것'의 **비밀** (조회 수 21만 회)

강력한 '하지 마세요'의 힘

'절대 뒤돌아보지 마세요!'라고 하면 왠지 뒤돌아보고 싶지 않은가? 이런 심리를 카피라이팅에 적용할 수 있다. '~해야 하는' 대신 '~하지 말아야 하는'으로 표현을 바꿔보자.

어버이날 선물로 **좋은 아이템** Best 5

vs

어버이날 선물로 **'절대' 사면 안 되는 아이템** Best 5

실제로 위의 두 가지 제목으로 클릭률 테스트를 했더니 압도적으로 '절대 사면 안 되는 아이템'의 클릭률이 높았다. 선물로 좋은 아이템은 사도 그만 안사도 그만이지만 절대 사면 안 되는 아이템은 알아두고 꼭 피해야겠다는 생각이 들기 때문이다.

'이것만큼은 절대 하지 마라' 혹은 '절대 하면 안 되는~'의 제목은 피해 보고싶지 않은 사람들의 심리를 이용한 카피로, 필요에 따라 적절히 활용해 보자.

구체적인 숫자 활용하기

유튜브 영상의 썸네일이나 제목에 숫자를 사용하기만 해도 클릭률이 높아진다고 하니 가능한 곳에는 적극 사용해 보자.

▲ 구체적인 숫자를 썸네일에 사용한 예시

'유튜브 성장을 위한 노하우'보다 '유튜브 성장을 위한 노하우 7가지'가 훨씬 더 매력적이며 체계적으로 보인다. 또, 구체적인 숫자를 쓰는 것이 좋다. '90% 매출이 올랐습니다'보다 '92.5% 매출이 올랐습니다'라는 제목에 훨씬 더 믿음이 가기 때문이다.

03 자극적인 문구를 사용하면 안되는 이유

썸네일과 제목에 들어가는 카피라이팅은 사람들의 시선을 사로잡아 클릭하고 싶은 마음이 들게 하는 것이 가장 중요하다. 하지만 클릭률만을 위해 영상과 상관없는 자극적인 제목을 쓰면 절대 안 된다. 조회 수를 높일 수는 있어도, 시청 지속 시간을 떨어뜨려 채널 성장에 악영향을 끼치기 때문이다.

자극적인 썸네일과 제목을 보고 클릭하면 생기는 일

❶ 자극적인 썸네일이나 제목을 보고 사람들이 영상을 클릭한다.

❷ 영상을 보다보니 내가 원했던 내용이 아닌 것 같다.

❸ 바로 영상을 끈다.

❹ 영상의 시청 지속 시간이 매우 짧아져, 유튜브가 좋지 않은 영상으로 판단한다.

❺ 검색 노출과 추천 영상에서 내 영상이 사라지게 된다.

❻ 장기적으로 채널 성장이 더뎌진다.

오로지 '클릭만을 유도하는' 제목은 지양하자. 영상과 연관성이 있는 제목을 사용하고, 사람들이 기대하는 내용 혹은 그 이상의 콘텐츠로 보답해야 한다.

구독자와 소통하는 다양한 방법

유튜브에서 구독자와의 소통은 콘텐츠만큼 중요하다. 구독자는 단순히 콘텐츠만 구독하는 사람이
아니다. 그들은 크리에이터와 직접적으로 연결되어 있음을 느끼고 싶어 하고, 끈끈한 유대관계를 만
들고 싶어한다. 이 과정에서 유튜버의 팬덤은 더욱 견고해진다. 구독자와 소통하기 위한 유튜브 기
능부터 필자가 제안하는 또 다른 방법까지 함께 알아보자.

01 커뮤니티 기능 활용하기

─── TIP ───
구독자가 1,000명이 될
때까지 영상을 꾸준히
올려서 내 콘텐츠를 좋
아해 줄 사람을 모으고,
1,000명이 넘으면 커뮤
니티 게시글을 활용하
여 구독자와 더 가깝게
소통해 보자.

유튜브에서 구독자와 글로 소통할 수 없을까? 커뮤니티 기능을 활용하면 된
다. 커뮤니티는 구독자가 1,000명 이상일 때 활성화되며 글을 쓰거나 동영상,
설문조사, 이미지를 첨부할 수 있다. 구독자를 위한 새로운 소식을 가볍게 업
로드하고 영상의 비하인드 스토리를 올리는 등 다양한 용도로도 쓰인다.

▲ 필자의 유튜브의 커뮤니티 탭

필자 또한 유튜브 커뮤니티를 적극 활용하고 있다. 커뮤니티에 업로드했던
콘텐츠 중 꽤 유용하다고 생각하는 활용법을 몇 가지 소개하려고 한다.

라이브 방송 예고하기

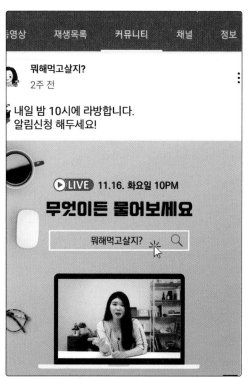

▲ 라이브 방송 예고 게시글

유튜브 라이브 방송을 하기 전 커뮤니티 글쓰기 기능을 활용하여 사전 홍보를 할 수 있다. 라이브 방송의 예약 링크를 만들어서 방송의 시작 시간과 주제를 친절하게 적어 올려보자. 아무런 예고 없이 라이브 방송을 켜는 것보다 커뮤니티에 미리 안내를 했을 때 구독자들도 라이브 방송을 기다리며 주제에 대해 생각할 여유가 생긴다.

타 채널 영상 공유하기

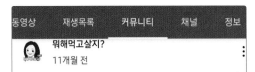

뭐해먹고살지?
11개월 전

어머, 구독자가 5만명이 넘는 재테크 유튜버 김짠부님께서 〈뭐해먹고살지? 문답집〉을 리뷰하면서 추천까지 해 주셨어요. (광고, 협찬 아니고 직접 구매 후 작성해보고 솔직한 리뷰 남겨주셨답니다.) 제목보고 너무 놀라 클릭했는데, 문답집 소개라니...!!

혹시나 문답집 리뷰가 궁금하시다면 짠부님 채널 가서 이 영상 봐 주시구요, 재테크에 관심있는 분들 짠부님 채널도 구독하시면 아마 알찬 정보 많이 얻으실 수 있을거에요. 추천추천!!!

+ 혹시나 구매 원하시면 스마트스토어에서 가능합니다
: https://bit.ly/3jUo5qc

**2030의 최대 고민
뭐 해 먹고 살지?**

9:12

난 뭐 해먹고 살면 좋을까? 좋아하는 일 찾는 방법!

뭐해먹고살지?
8개월 전

드디어 일 다 했다!!!!!고 생각했는데 사소한 것을 놓쳐서 다시 하게 되고.. 그래서 너무 화났던 적 없으신가요?
프리랜서는 시간이 돈이기에 중요하고, 사회 초년생은 일 못한다고 혼날 수 있으니 또 중요하잖아요?!

일 잘한다~ 소리 들어야 일도 꾸준히 들어오고 평판도 쌓이는데, 그걸 놓치는 분들이 있으신 것 같아 한번 정리해 보았습니다!

제 사무실 메이트이자 너무너무 좋아하는 최미영 대표님과 함께 콜라보로 찍었는데요,
새로운 포맷의 영상 도전했으니 한번 가서 봐 주시고 댓글로 의견도 팍팍 주시면 감사하겠습니다!

@최미영의Love Your Voice 채널에서 보실 수 있어요!

힘센스

**어떻게 하면 센스 있게
일 할 수 있을까?**

최미영   김인숙

14:19

▲ 타 채널 영상을 공유한 게시글

유튜브 커뮤니티에는 다른 채널의 영상도 공유할 수 있다. 다른 유튜버가 나를 언급했거나 내가 타 채널에 출연했을 때, 커뮤니티에 해당 영상을 공유하여 구독자들에게 알려주자.

공지사항 올리기

▲ 독립 출판물 출간 공지 및 홍보 게시글

글과 사진으로 가볍게 공지사항을 작성할 수도 있다. 영상으로 알리기에 애매한 내용이 있다면 커뮤니티에 글로 써 보자. 이때, 구독자의 눈에 띄려면 사진 한 장을 함께 첨부해 주는 게 좋다.

설문으로 구독자 의견 확인하기

▲ 설문 기능을 활용한 게시글

콘텐츠를 만들다보면 이게 좋을까, 저게 좋을까 고민이 되는 순간들이 많다. 이때 가장 좋은 방법은 구독자에게 직접 물어보는 것이다. 커뮤니티의 설문 기능을 활용하면 간편하게 구독자의 의견을 확인할 수 있다.

크리에이터는 구독자의 의견을 알 수 있어서 좋고, 구독자는 의견을 직접 제시하고 그것이 반영되는 경험을 할 수 있기 때문에 크리에이터와 가까워지는 느낌을 받을 수 있다.

02 라이브 방송으로 소통하기

라이브 방송, 어떤 주제가 좋을까?

유튜브에서는 완성된 영상을 업로드하는 것은 물론, 실시간 라이브 방송을 진행할 수도 있다. 라이브 방송의 핵심은 실시간 소통이다. 일방적으로 내가 말할 거리를 준비하기보다 구독자와 나눌 수 있는 대화의 주제를 정하고 시작하는 게 좋다.

┌──── TIP ────┐
궁금한 내용에 대한 맞
춤형 답변을 바로 들을
수 있어서인지 라이브
방송을 유독 좋아해 주
는 팬들이 많다.
└─────────────┘

필자는 라이브 방송을 통해 '무엇이든 물어보세요.' 시간을 주기적으로 가지고 있다. 지식 콘텐츠 채널 특성상 영상 댓글로 질문이 많이 달리는 편인데, 하나하나 답변을 다 달기엔 한계가 있다. 그 대신, 라이브 시간에 질문을 해주면 성심성의껏 답변을 하고 있다.

라이브 방송을 꼭 해야할까?

필자는 구독자가 1,000명이 되자마자 라이브 방송을 시작했다. 오프라인에서 수년간 강의와 교육을 해왔기 때문에 실시간으로 소통하는 것에 금방 적응할 수 있었다. 평상시에 말하는 것을 즐기고 사람들과 소통하는 것에 어려움이 없는 사람이라면 라이브 방송을 적극 추천한다.

다만, 구독자 수가 너무 적을 때 라이브 방송을 하면 접속자 수가 적을 수 있으므로 최소 1,000명의 구독자는 모은 상태에서 시작하거나 다른 SNS를 활용하여 적극적으로 홍보한 뒤 라이브 방송을 하는 것이 좋다. 또, 실시간 소통이 부담스럽거나 준비되지 않은 이야기를 나누는 것이 어렵다고 판단되면 꼭 라이브 방송을 할 필요는 없다.

🔊 **잠깐만요** ⋮⋮⋮ **프리즘 라이브 스튜디오 활용하기**

유튜브 라이브 방송은 누구나 할 수 있지만, 구독자 수에 따라 방송 환경에 제한이 있다. 구독자가 1,000명 이하일 때에는 PC로만, 1,000명 이상부터는 PC와 모바일에서 모두 라이브 방송이 가능하다. 네이버에서 만든 '프리즘 라이브 스튜디오' 앱을 활용하면 구독자가 1,000명 이하라도 모바일로 라이브 방송을 할 수 있다.

프리즘 라이브 스튜디오는 PC와 모바일, 태블릿 모두 지원하며, 필터 및 얼굴 보정 기능을 제공하기 때문에 외모에 신경이 쓰인다면 이 기능을 활용해 부담없이 라이브 방송을 시작할 수 있다.

▲ 네이버의 프리즘 라이브 스튜디오

⑬ 채널 멤버십 활용하기

유튜브 채널 멤버십은 월간 요금을 지불한 회원들에게 혜택을 제공하는 유료 멤버십 기능으로, 일종의 폐쇄형 커뮤니티라고 생각하면 된다. 앞서 203쪽에서 언급했듯 유튜브를 통해 돈을 버는 방법인 동시에, '찐팬'을 중심으로 활발하게 소통할 수 있는 기능이기도 하다.

채널 멤버십에는 기꺼이 돈을 지불할 정도로 나에 대한 신뢰가 두터운 팬만 모여있기 때문에 조금 더 자유롭게 콘텐츠를 만들 수 있고 끈끈한 관계를 형성할 수도 있다.

멤버십에 가입하는 팬은 회원 전용 배지, 그림 이모티콘 등의 혜택을 이용할수 있으며, 크리에이터는 멤버십 구독자만을 위한 게시물이나 영상, 라이브 방송 등을 제공하기도 한다.

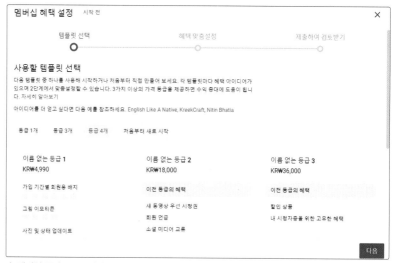

▲ 멤버십 금액, 등급, 혜택 모두 크리에이터가 스스로 설정할 수 있다

다만 구독자 수가 너무 적거나 팬덤이 아직 형성되기 전에 섣부르게 멤버십 기능을 오픈한다면 기존 구독자로부터 외면당할 수도 있으니, 멤버십 기능을 오픈할 때에는 채널 상황을 충분히 검토하고 결정하는 것이 좋다.

(04) '찐팬'과 소통하는 또 다른 방법

유튜브에서 만난 구독자와 유튜브 밖에서 소통하는 경우도 많다. 유튜브에서 자체적으로 제공하는 기능에는 한계가 있기 때문이다.

카카오톡 오픈채팅방 운영하기

팬들과 실시간으로 부담없이 소통하기에 가장 좋은 채널은 카카오톡이다. 아무리 유튜브에 머무는 시간이 많다고 해도 카카오톡만큼 자주 열어보지는 못한다. 또 유튜브의 경우, 알고리즘의 영향으로 내 신규 콘텐츠가 구독자에게 100% 도달하지 못하는 경우도 많기 때문에 다이렉트로 구독자와 연결될 수 있는 채널을 확보하는 것은 꽤 중요하다.

그래서 많은 유튜버들이 카카오톡 오픈채팅방을 만들어 활용하고 있다. 운영 방법은 목적과 유튜버의 성향에 따라 제각각이므로 오픈채팅방 운영을 고려하고 있다면 다양한 방에 참여해서 분위기를 살피고 파악해 보는 것을 추천한다. 다음은 필자가 운영하는 오픈채팅방의 예시다.

뭐해먹고살지? 오픈채팅방 운영방법

❶ 비밀번호가 있다.

오픈채팅방을 만들 때 채팅방 공개 여부를 설정할 수 있다. 공개를 해 두면 누구나 검색으로 내 채팅방에 들어올 수 있다. 필자는 유튜브 구독자만 들어올 수 있도록 비공개 채팅방으로 만들고 비밀번호를 걸어두었다. 비밀번호가 없으면 광고나 스팸성 글을 게시하는 사람이 수시로 들어올 수 있어서 관리가 어려워진다.

❷ 목적에 따라 정보방과 교류방으로 분류했다.

처음 오픈채팅방을 만들었을 때, 하루종일 양질의 정보가 오고갔다. 정보가 빠르게 올라가는 것을 아쉬워하는 사람들을 위해 네이버 카페를 활용하여 콘텐츠 일부를 아카이빙하기 위해 노력했다. 하지만 따로 노력을 들여서 글을 정리하는 것은 생각보다 어려웠다. 카페 운영을 멈추는 대신 오픈채팅방을 정보방과 교류방으로 분류했다.

정보방에는 매일 다양한 뉴스기사나 콘텐츠 중 공유할 만한 가치가 있다고 판단되는 것만 선별해서 링크로 공유한다. 별도의 대화는 할 수 없게 규칙으로 지정해 두었기 때문에 이 방에는 차곡차곡 정보만 남아있게 된다. 정보는 받아보고 싶지만 시끄럽게 대화하는 카톡방을 싫어하는 사람들도 이 방에선 부담없이 정보를 취하고 있다.

교류방은 별도의 비밀번호를 지정해 두었고 정보방의 공지사항을 통해서만 들어올 수 있다. 이 방에서는 편하게 대화가 가능하다. 주로 마케팅이나 퍼스널 브랜딩 관련 질문을 주고받는 용도로 사용된다. 필자가 바로바로 답변하지 않더라도 서로가 서로에게 답을 해 주는 커뮤니티의 역할을 하고 있다.

❸ 공지사항을 업로드한다.

유튜브에 업로드한 신규 영상 링크나 새로 판매하는 제품 링크도 오픈채팅방에 공유한다. '뭐해먹고살지? 문답집'을 만들어 크라우드 펀딩을 했을 때 오픈채팅방에 공유하자마자 바로 목표가 100% 달성되었으며, 펀딩 인증샷이 끊임없이 올라와서 그 방에 있는 다른 사람들도 펀딩에 참여하고 싶을만한 분위기가 형성되었다.

🔊 잠깐만요 ::: 카카오톡 오픈채팅방의 장점과 단점

카카오톡 오픈채팅방은 유튜브 알고리즘의 영향 없이 구독자에게 소식을 100% 전할 수 있고 구독자와 조금 더 친근하게 소통할 수도 있다. 또, 비슷한 관심사를 가진 사람들끼리 모이게 되면 운영자가 굳이 말하지 않아도 그들끼리 서로 교류하며 유익한 커뮤니티가 될 수 있다.

물론 오픈채팅방에도 단점은 있다. 우선, 운영자 입장에서는 피로도가 높을 수 있다. 내향적인 사람의 경우 끊임없이 올라오는 카카오톡의 채팅 내용에 본인이 먼저 지치기 쉽다. 또, 아무리 양질의 이야기가 오고갔더라도 이후에 들어온 사람은 그 글을 확인할 수 없어 오픈채팅방에 쌓인 내용은 아카이빙하기가 어렵다. 마지막으로, 인터넷 검색으로 채팅 내용을 볼 수 없기 때문에 아무리 활성화된 오픈채팅방을 운영하고 있더라도 외부에서는 그 영향력을 알 수 없다.

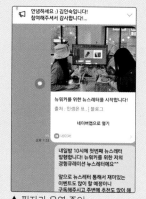

▲ 필자가 운영 중인
카카오톡 오픈채팅방

네이버 카페 운영하기

오픈채팅방의 단점을 보완할 수 있는 방법으로 네이버 카페가 있다. 네이버 카페는 기록이 누적되어 아카이빙되고 비공개 카페로 설정하지 않는다면 인터넷 검색으로 신규 유저가 유입될 수도 있다. 또한 실시간으로 소통하는 것이 아니기 때문에 운영자 입장에서는 피로도가 덜하다.

다만 오픈채팅방에 비해 접근성이 떨어지기 때문에 카페를 활성화시키려면 추가적인 노력이 필요하다. 매일 인증할 수 있는 챌린지 프로그램을 운영하거나 매월 이벤트를 진행하는 등 사람들이 계속해서 글을 올릴 수 있도록 독려해야 한다.

네이버 카페가 잘 운영된다면 굉장히 파워풀하지만 초반에 자리 잡을 때까지는 신경써야 할 점이 많으므로 구독자와 소통하기 위한 목적만 있다면 추천하지 않는다. 대신 특정 주제에 관심있는 커뮤니티를 운영하고자 하는 목적이 있다면 카페를 운영하는 게 도움이 될 수 있다.

개인 SNS에서 소통하기

사람들은 좋아하는 크리에이터가 생기면 크리에이터의 삶에도 관심을 갖게 된다. 만약 크리에이터의 일상과 비하인드 스토리를 가깝게 볼 수 있는 채널이 있다면? 기꺼이 넘어가서 팔로우할 것이다.

오픈채팅방과 네이버 카페가 부담스럽다면 개인 인스타그램으로 소통하는 것도 좋은 방법이다. 인스타그램은 사진 한 장과 한두 줄의 짤막한 글만 써도 되기 때문에 큰 부담 없이 운영할 수 있다.

IT 유튜버이지만 인스타그램에는 내가 좋아하는 또 다른 취미를 올려도 상관없다. 북튜버의 인스타그램에 꼭 책 이야기만 있을 필요는 없다. 영상 촬영 전후의 비하인드 스토리를 올려도 좋고 오늘 뭘 먹었는지 올려도 된다. 그냥 있는 그대로의 내 모습을 보여주는 것으로 충분하다.

본인이 운영하는 SNS가 있다면 유튜브의 설명란에 채널 주소를 적어두자. '저의 또 다른 SNS로 놀러와서 팔로우 해 주세요.'라고 굳이 말하지 않더라도 나에게 관심이 있는 구독자라면 자연스럽게 넘어올 것이다.

PART 05

SNS 레벨 업!
마케팅 &
브랜딩 전략

STEP 01 상품을 팔아보자, SNS 마케팅 전략

지금까지 각 SNS별 특징을 알아보았다. 이제 한 단계 더 나아가 SNS 마케팅을 통해 진짜 '돈'을 벌어볼 차례다. SNS 마케팅은 목적에 따라 전략이 달라진다. 우선, 상품 판매를 위한 마케팅 전략부터 알아보자. 만약 팔아야 할 상품이나 서비스가 있다면, SNS를 어떻게 활용하면 좋을까?

01 구매여정 지도를 그려보자

TIP
구매여정은 여러 단계로 세분화 할 수 있지만 이 책에서는 '인지-고려-구매'의 3단계로 설명한다.

사람들은 어떻게 제품을 알게 되고 사고 싶어지며 결국 구매까지 하게 될까? 이 과정을 '구매여정'이라고 하는데 잠재고객의 '구매여정 지도'를 한번 그려보고 각각의 과정을 이해한다면 판매자가 해야할 일이 무엇인지 알 수 있다.

필자는 현재 독립출판물 2종과 PDF 1종을 SNS에서 판매하고 있다. 이 제품들은 별도의 광고비 지출 없이 꾸준히 판매되고 있다. 필자가 제품을 판매하기 위해 잠재고객의 구매여정을 어떻게 파악했으며, 각 단계별로 어떠한 노력을 해 왔는지 정리해 보겠다.

02 인지 : 더 많은 사람에게 제품 알리기

제품을 많이 팔기 위해서 더 많은 사람들에게 제품에 대해 알리는 것은 필수다. 기존의 채널 구독자를 넘어 나를 모르는 사람에게까지 제품을 판매하려면 검색을 통한 유입이나 광고를 통한 노출을 고려해 봐야 한다.

검색 키워드를 적용하여 콘텐츠 만들기

TIP
필자의 문답집에 대한 소개는 23쪽에서 다뤘다.

'뭐해먹고살지? 문답집'의 경우 진로찾기나 진로고민, 퍼스널 브랜딩 등의 키워드를 검색하는 사람들에게 노출된다면 구매로 이어질 가능성이 높다. 검색 키워드가 무엇인지 생각해 보고, 그 키워드를 사용하여 블로그 포스팅을 하거나 유튜브 콘텐츠를 만들어 보자. 인스타그램 해시태그로 사용하는 것도 좋다. 나를 몰랐던 사람도 검색을 통해 내 제품을 발견할 수 있을 것이다.

유료 광고 집행하기

비용을 들여서라도 제품을 알리고 싶다면 유료 광고를 집행해 보는 것도 좋다. 이 경우 인스타그램과 페이스북 광고를 추천한다. 적은 금액으로도 제품 노출량을 늘릴 수 있기 때문이다. 물론 광고는 노출만 보장해 줄 뿐 실제 구매는 광고 콘텐츠와 실구매자의 후기, 상세페이지 등 다양한 요소의 영향을 받게 된다.

따라서 유료 광고는 모든 요소가 다 준비된 다음에 집행하는 것을 추천한다. 후기가 하나도 없는 제품을 광고한다고 생각해 보자. 수많은 사람들이 해당 제품의 광고를 클릭하더라도 리뷰가 없어서 신뢰하지 못하고 구매하지 않을 것이다. 상세페이지를 설득력 있게 만들고 구매 리뷰를 충분히 쌓은 이후에 광고를 진행하자.

외부 플랫폼 이용하기

TIP
탈잉이나 크몽, 숨고는 프리랜서들을 위한 재능마켓 플랫폼으로 누구나 쉽게 재능을 등록하고 거래할 수 있다. 또 크라우드 펀딩 플랫폼인 텀블벅과 와디즈는 제품을 완성하기 전에 먼저 펀딩을 받아 자금을 확보한 후 제품을 제작할 수 있다.

외부 플랫폼에 입점하는 것도 제품을 알리는 하나의 방법이 될 수 있다. PDF의 경우 크몽이나 탈잉과 같은 재능마켓 플랫폼에 입점하면 효과적으로 판매할 수 있다. 또 제품을 런칭할 때부터 와디즈와 텀블벅과 같은 크라우드 펀딩 사이트를 이용해 외부 플랫폼 사용자들을 유입시키는 것도 좋은 방법이다.

'뭐해먹고살지? 문답집'의 경우도 텀블벅의 카카오 공유와 내부 유입 비중이 전체의 35.2%였다. 수수료를 떼어간다고 해도 충분히 마케팅 효과가 있기 때문에 내가 판매하는 상품에 적합한 플랫폼이 있다면 적극적으로 활용해 보자.

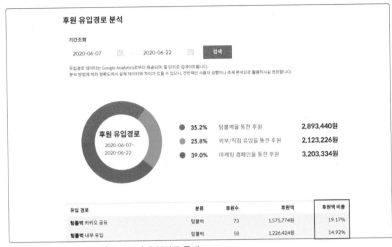

유입 경로	분류	후원수	후원액	후원액 비중
텀블벅 카카오 공유	텀블벅	73	1,575,774원	19.17%
텀블벅 내부 유입	텀블벅	58	1,226,424원	14.92%

▲ '뭐해먹고살지? 문답집'의 텀블벅 유입경로 통계

03 고려 : 제품을 사고 싶게 만들기

진정성있는 콘텐츠 제작하기

제품을 사야 할 이유를 만들어주는 것은 결국 '콘텐츠'다. 내 제품을 꼭 사야 하는 이유를 콘텐츠로 잘 정리해서 소개하자. 홈페이지나 제품 상세페이지에는 제품에 대한 정보를 명확하게 명시하여 소비자를 설득하는 것이 중요하다면, 블로그나 SNS에서는 왜 이 제품을 판매하는지에 대한 스토리나 진정성을 느끼게 하는 콘텐츠가 담기는 것이 좋다.

2013년 11월. 드림브랜딩이라는 이름의 교육 프로그램을 런칭했습니다.

대학교를 4년 휴학한 뒤 다시 학교에 돌아가서 커리어를 준비하려니 너무 막막하더라고요.

그때 미친 듯이 책을 읽고 강의를 들으며 제 진로를 모색했고 우연히 '퍼스널 브랜딩'을 만났습니다.

제가 저의 일을 찾았던 그 과정을 교육으로 만들고 싶었고, 자신이 좋아하는 일을 할 수 있게 돕는 사람이 되고 싶었어요. 그 시작이 바로 <드림브랜딩>이었고요.

이후 매 기수마다 수정에 수정을 거쳐, 작년 4월까지 약 200여 명이 이 수업에 참여했습니다.

그동안 교육 내용도 단단해졌고, 체계화가 되었습니다.

언젠가부터 막연히 '더 많은 사람에게 이 노하우를 전하고 싶다'라는 생각을 했어요.

지방과 해외에서 수업을 듣고 싶다고 연락이 올 때마다 어떻게 할 수 있을까 고민했었거든요. 그리고 직접 코칭하는 수업이다 보니 아무래도 저렴한 금액으로 진행할 수가 없었는데, 이 내용은 정말 누구에게나 필요한 내용이잖아요! 접근성을 낮추고 싶었습니다.

퍼스널 브랜딩의 시작은 내가 누구인지 발견하고 정리하는 것입니다.

그 과정을 도와주는 아주 구체적인 질문과 사례가 필요하다고 생각했어요.

시중에 수많은 책은 다 모호한 질문만 던져주더라고요.

저 역시 그 질문을 사람들에게 던져보았지만, 스스로 뾰족하게 답변하지 못하는 것을 지켜보면서 어떻게 해야 그들이 답을 할 수 있을까? 계속 고민했던 것 같습니다. '좋아하는 일을 쓰세요.'가 아니라 '좋아하는 일을 찾는 방법에 관한 질문과 과정'이 들어있고요. '어떻게 살고 싶나요?'라고 막연히 묻기보다 구체적인 단어를 나열해서 객관식으로 선택할 수 있게 했습니다.

최대한 쉽게, 스스로 할 수 있도록 도와드리고 싶었어요.

▲ '뭐에믹코 일지? 문탭팁'을 소개하는 닐도ㄱ 쏘스닝의 일부

SNS에서 제품을 판매하고 싶다면 판매자에 대한 호감과 신뢰가 구매로 이어진다는 사실을 꼭 명심하자. '어떻게 해야 잘 팔 수 있을까?'라고 생각하기보다 '내가 왜 이 제품을 판매하려는 걸까?'를 고민하고 진정성 있게 제품을 소개하는 것이 더 중요하다.

리뷰의 힘은 강력하다

제품을 구매한 사람들의 리뷰는 또 다른 구매를 부른다. 즉, 긍정적인 리뷰는 구매를 고려하는 사람들의 마음까지 움직일 수 있다. 구매자에게 SNS에 제품 후기를 올리도록 독려하고, 자발적으로 올려주는 분들에게는 댓글로 감사함을 꼭 표현하자. 추가 리뷰를 얻기 위해 필요하다면 이벤트를 열어도 좋다.

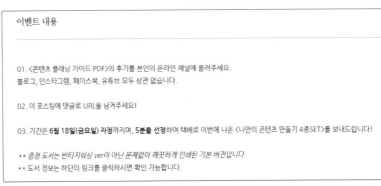

▲ 구매자의 리뷰 작성을 유도하는 이벤트의 예시

제품 리뷰는 내 SNS 채널에 다시 공유하는 것이 좋다. 블로그의 경우 별도의 메뉴를 만들어서 후기만 모아두고, 인스타그램은 스토리 기능을 활용하여 리뷰를 공유한 뒤 '하이라이트'로 만들어두는 것을 추천한다. 어떤 식으로든 리뷰가 잘 보일 수 있도록 배치하자.

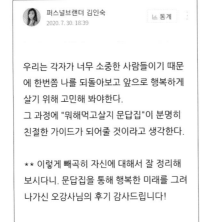

▲ 구매자의 후기를 SNS 채널에 모아둔 예시

04 구매 : 사고 싶을 때 바로 살 수 있도록 하기

블로그에 제품 구매 방법 안내하기

블로그를 운영한다면 제품 구매 방법을
안내하는 글을 작성한 후 접근성이 좋은
공지사항과 대표글로 지정해 두자. 구매
를 희망하는 사람들은 내 블로그에 들어
오자마자 헤매지 않고 바로 제품을 구매
할 수 있을 것이다.

▲ 블로그 공지사항과 대표글을 활용한
제품 구매 안내

인스타그램 프로필에 제품 링크 연결해두기

┌─── TIP ───┐
여러 주소를 한 번에 소
개하는 링크 페이지에
대한 설명은 82쪽에서
다뤘다.

인스타그램 프로필에도 판매하고 있는 제품에 대한 문구를 적어두고 구매 페
이지 링크를 넣어 클릭할 수 있도록 안내한다. 만약 구매 페이지가 아닌 SNS
채널을 모두 모아둔 링크 페이지를 사용할 경우, 판매하는 제품의 링크를 바
로 알아볼 수 있도록 사진과 글을 직관적으로 배치한다.

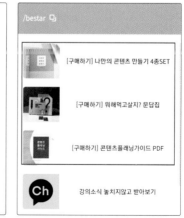

▲ 인스타그램 프로필과 링크 페이지를 활용한 제품 구매 안내

유튜브 영상에도 링크 걸어두기

유튜브는 모든 영상의 설명란에 구매 링크를 걸어두고, 영상에서 관련 제품을 언급 시 유튜브 카드 기능을 활용하여 링크로 바로 연결될 수 있도록 한다.

▲ 유튜브 설명란과 영상 속 링크를 활용한 제품 구매 안내

05 마케팅 콘텐츠의 황금비율 지키기

SNS로 상품을 판매하는 사람들이 흔히 하는 실수가 있다. 바로 상품에 대한 콘텐츠만 잔뜩 올리는 것이다. 상품만 가득한 SNS에 들어가면 대다수의 사람들은 '이 계정은 매우 상업적이군.'이라고 생각하고 팔로우는 커녕 바로 뒤로 가기를 누르기 마련이다.

너무나도 당연한 이야기지만 정작 판매자가 되었을 때는 이 사실을 잊게 된다. 대체 왜 그럴까? 마음이 조급하기 때문이다. 하나라도 더 팔고 싶기 때문에 제품에 대한 홍보성 콘텐츠만 반복적으로 올리는 것이다.

제품을 판매하는 순간부터 나는 사업가가 된다. 사업은 단기전이 아니라 장기적인 관점으로 바라보고 전략적으로 접근해야 한다. 이제 막 SNS를 시작하여 제품 판매까지 연결하고 싶다면, 다음과 같은 비율로 콘텐츠를 올려보자.

10개의 콘텐츠를 작성한다면 5개는 유익한 정보성 콘텐츠를, 3개는 브랜드의 스토리와 진정성이 드러나는 콘텐츠를, 2개는 제품 구매를 직접적으로 유도하는 홍보 콘텐츠를 만드는 것이다.

> **정보 콘텐츠 : 브랜딩 콘텐츠 : 콜투액션 콘텐츠 = 50 : 30 : 20**

정보 콘텐츠 : 50%

TIP
나를 모르는 사람도 검색을 통해 내 SNS에 방문할 수 있으며, 유익한 정보를 먼저 접하기 때문에 신뢰를 쌓기가 쉽다.

정보 콘텐츠의 특징은 유익하다는 것이다. 사람들에게 도움을 줄 수 있어 자연스레 신뢰를 얻게 된다. 정보성 콘텐츠의 경우 사람들의 필요에 의해 검색으로 유입되는 경우가 많다.

이때 중요한 점은 내 제품과 관련 있는 정보 콘텐츠를 작성해야 한다는 것이다. 예를 들어, 화장품을 판매하는 사람이라면 예뻐지는 꿀팁이나 화장품 성분에 대한 정보 등을 알려주는 것이 좋다.

브랜딩 콘텐츠 : 30%

브랜딩 콘텐츠는 제품의 스토리를 알리는 콘텐츠다. 제품을 구매하라고 직접적으로 유도하기보다 진정성을 보여주는 콘텐츠라고 생각하면 된다. 내가 이 제품을 어떤 마음으로 만들고 판매하는지에 대한 이야기를 적어보자.

브랜딩 콘텐츠는 고객들에게 이 브랜드를 사야 하는 이유와 기꺼이 사고 싶어지는 마음을 만들어준다. 하나의 완전한 브랜딩 콘텐츠로 만들어도 좋지만 개인 셀링을 운영하면서 제품을 판매하는 경우라면 일상 콘텐츠 안에 제품과 브랜드에 대한 생각을 자연스럽게 기록해도 좋다.

콜투액션(Call To Action, CTA) 콘텐츠 : 20%

콜투액션 콘텐츠는 직접적으로 제품 구매를 유도하는 콘텐츠다. 정보 콘텐츠와 브랜딩 콘텐츠로 제품과 브랜드에 대한 신뢰와 호감이 생겼어도 굳이 사야겠다는 결심이 서지 않을 수 있다. 이때 '사 주세요.'라는 말 한마디가 강력한 힘을 발휘한다.

유튜브 영상 끝에 '구독, 좋아요, 알림설정 해 주세요.'를 말하는 것과 같은 원리다. 굳이 말하지 않더라도 구독, 좋아요, 알림설정을 해 주는 사람도 있겠지만 콘텐츠를 열심히 보느라 깜빡하는 사람도 많다. 이때 영상에서 구독 요청 멘트가 나오면 시청자들은 '아차' 하며 구독 버튼을 누르게 된다.

▲ 콜투액션 콘텐츠의 예시

──TIP──
이벤트 프로모션을 적절하게 곁들여준다면 구매 전환율을 높일 수 있다.

이처럼 제품을 판매할 때에는 적절한 시기에 '구매해 주세요.'를 직접적으로 언급해야 한다. 다만 콜투액션 콘텐츠는 20% 미만의 비율로 유지해야 그 힘이 강력하게 발휘될 수 있다.

STEP 02 개인이 브랜드가 되는 세상, 브랜딩 전략

요즘은 제품도 브랜드도 아닌 한 명의 개인이 브랜드가 되는 세상이다. 이를 전문 용어로 '퍼스널 브랜딩'이라고 한다. SNS는 나를 브랜딩하기 위한 최적의 도구다. 여기서는 내 인지도를 높이고 팬을 만들기 위해서는 어떤 전략이 필요할지 정리해 보았다.

01 검색되는 콘텐츠의 비밀, 검색 키워드

'퍼스널 브랜딩'이란 자신을 브랜드화하여 특정 분야에서 가장 먼저 자신을 떠올릴 수 있도록 하는 과정이다. 이를 SNS 마케팅 관점으로 옮겨서 다시 정리해 보면, '특정 키워드를 검색했을 때 내 콘텐츠가 상위에 노출될 수 있도록 하는 과정'이라고 말할 수 있다.

즉, SNS 세상에서 내 영향력을 키우려면 관련 키워드를 선점하고 내 콘텐츠가 잘 검색되게 하는 것이 가장 중요하다.

경쟁력 있는 키워드를 선점하라

필자는 2012년부터 퍼스널 브랜딩에 관심을 가지고 업으로 삼아야겠다고 생각했다. 당시 국내에서는 퍼스널 브랜딩이라는 말조차 생소했던 시절이었기 때문에 어떤 키워드를 메인 키워드로 사용할지 고민이 되었다.

영어로는 '퍼스널 브랜딩(Personal Branding)'이지만 관련 책에서는 주로 '개인 브랜딩'이라는 단어를 사용했고, 브랜드 전문회사인 유니타스 브랜드에서는 '휴먼 브랜딩'이라는 단어를 사용했다. 개인 브랜딩, 휴먼 브랜딩, 그리고 퍼스널 브랜딩까지. 세 단어 모두 검색량을 확인해 보면 한 달에 채 100명도 검색하지 않는 생소한 단어였기에 검색량 기준으로 판단할 수는 없는 노릇이었다.

필자는 장기적인 관점에서 영어 단어 그대로인 '퍼스널 브랜딩'을 사용하는 게 좋을 것이라고 판단했다. 이 시장이 점차 커지게 되면 사람들이 관련 자료를 찾아볼 것이고, 그때 내 콘텐츠가 잘 보이기 위해서는 가장 일반적인 영어 단어를 그대로 사용하는 것이 좋다고 생각했다. 이후 모든 콘텐츠에 '퍼스널 브랜딩' 키워드를 사용했고 내가 하는 일을 설명할 때에도 '퍼스널 브랜딩'이라는 단어를 사용했다.

전체추가	연관키워드 ⑦	월간검색수 ⑦		월평균클릭수 ⑦		월평균클릭률 ⑦		경쟁정도 ⑦	월평균노출 광고수 ⑦
		PC	모바일	PC	모바일	PC	모바일		
추가	퍼스널브랜딩	1,800	2,670	3.1	0.7	0.19%	0.03%	높음	15
추가	개인브랜딩	50	50	0.1	1.3	0.2%	2.84%	중간	9
추가	휴먼브랜딩	10	< 10	0	0	0%	0%	높음	3
추가	브랜딩회사	160	200	3.1	8.2	2.04%	4.78%	높음	15
추가	브랜딩	5,520	4,980	41.3	54	0.81%	1.16%	높음	15
추가	브랜드네이밍	1,950	1,660	44.5	80.3	2.48%	5.07%	높음	15
추가	네이밍	4,480	14,300	21.3	56.8	0.5%	0.41%	높음	15
추가	카페브랜딩	120	110	4	14	3.31%	11.3%	높음	15
추가	브랜딩업체	60	40	3.5	3.5	5.88%	9.34%	높음	15

▲ '퍼스널 브랜딩'의 네이버 검색량

'퍼스널 브랜딩'이라는 키워드를 선점해야겠다고 생각한 후 관련 콘텐츠를 꾸준히 만들어왔기 때문에 이제 네이버와 구글, 인스타그램에서 '퍼스널 브랜딩'을 검색하면 첫 화면에 무조건 내 콘텐츠가 나온다.

이처럼 검색량이 적더라도 내 분야의 핵심 키워드를 선점할 수 있다면 블로그 제목, 인스타그램 해시태그, 유튜브 콘텐츠에 그 키워드를 적극적으로 사용하는 것이 좋다.

시장성 있는 키워드를 찾아라

경쟁력 있는 키워드를 선점했다고 해도 검색량이 너무 적은 것이 항상 문제였다. 이럴 땐 내 분야와 연관된 단어 중 조금 더 많은 사람들이 찾는 단어를 추가로 생각해 내야 한다. 즉, 시장성 있는 키워드를 함께 사용해야 한다.

필자는 유튜브를 시작하고 퍼스널 브랜딩 콘텐츠를 열심히 만들었지만 워낙 검색량이 적은 분야다 보니 조회 수가 많이 나오질 않았다. 유튜브 채널을 키우기 위해서는 연관된 다른 콘텐츠를 만들어야겠다고 생각했다. 그렇게 '블로그 키우기' 시리즈가 탄생했다.

퍼스널 브랜딩을 하려는 사람들은 SNS에 관심을 가질 수밖에 없기에, 퍼스널 브랜딩 대신 SNS에 대해 이야기하면 되겠다고 생각했다. 블로그, 페이스북, 인스타그램, 유튜브... 수많은 채널 중 무엇을 콘텐츠로 만들어야 경쟁력이 있을지 생각해 보았다.

이때 각각의 키워드를 검색해서 나오는 콘텐츠들을 살펴보았다. 당시에는 인스타그램과 유튜브가 가장 핫한 채널이었기에 관련 내용을 다루는 크리에이터는 이미 많았다. 오히려 블로그와 페이스북을 다루는 사람은 거의 없었다. 아마 블로그와 페이스북은 이미 한물갔다고 생각하는 사람들이 많아서 그랬을 것이다.

하지만 필자는 블로그와 페이스북도 여전히 퍼스널 브랜딩을 위한 수단으로 좋다고 판단했고 둘 중 접근성과 효과가 더 좋은 블로그를 키우는 방법에 대한 콘텐츠로 만들었다.

예상은 적중했다. '블로그 키우기' 시리즈 14편은 회당 평균 3만 명, 누적 조회 수 50만 회를 달성했다. 유튜브 검색창에 '뭐해먹고살지'를 입력하면 '뭐해먹고살지 블로그'가 자동완성으로 뜰 정도로 필자 채널의 대표 콘텐츠가 되었다.

▲ 필자의 유튜브 채널 자동완성 검색어

퍼스널 브랜딩 전문가라고 '퍼스널 브랜딩' 키워드만 고집했다면 필자의 유튜브 채널이 구독자 3만 명이 될 수 없었을 것이다. 나의 핵심 분야만 고집할 것이 아니라 연관된 키워드 중 시장성 있는 키워드를 찾아서 끊임없이 관련된 콘텐츠를 만들어야 한다.

㉒ '나'를 보여주는 매력적인 콘텐츠

내 콘텐츠가 검색된다고 무조건 브랜딩이 되는 것은 아니다. 그 콘텐츠를 보고 '나'라는 사람에 대한 호감이 생겨야 하고, 그러려면 콘텐츠에 내가 자연스럽게 녹아들어 있어야 한다. 어떻게 그러한 콘텐츠를 만들 수 있을까?

나를 보여주고 브랜딩하기에 가장 적절한 일상 콘텐츠와 취향 콘텐츠, 그리고 전문 분야 콘텐츠까지 살펴보도록 하자.

일상 콘텐츠

일상을 보여주면 자연스럽게 내가 드러난다. 인스타그램이나 페이스북을 운영중이라면 짤막하게 일상을 기록해 보자. 유튜브를 한다면 브이로그에 도전해 보아도 좋다. 블로그는 특정 주제를 중심으로 기록하는 것이 좋기 때문에 내가 다루는 주제와 연관된 일상을 기록하면 된다.

일상을 기록하는 것이 낯설고 어려운 사람들을 위해 단계별 가이드를 정리해 보았다.

❶단계 : 있는 그대로의 사실을 나열하자

초등학교 저학년 때 썼던 일기장을 떠올려 보자. '오늘은 엄마와 떡볶이를 먹었다. 친구가 불러서 놀이터에 나가서 놀다가 집에 들어왔다.'와 같이 하루 중 있었던 사건을 간략하게 기록하는 것부터 다시 시작해 보자. 어린 시절의 그림일기 대신 사진을 한두 장 남겨서 같이 기록하면 일상이 콘텐츠가 된다.

❷단계 : 사실에 내 생각과 감상을 더 하자

어린 시절에 썼던 일기장의 마지막을 항상 '참 재미있었다.'로 끝냈던 기억이 있다. 아마도 재미있었던 일과만 기록했던 모양이다. ❶단계로 사실을 기록하는 게 익숙해졌다면 내 생각을 가볍게 덧붙여보자. 똑같은 상황에서도 사람마다 느끼는 바가 다르기에 내 생각이 담기면 내가 어떤 사람인지 자연스럽게 보이게 된다.

❸단계 : 일상 속 콘셉트를 살아 보여주사

편하게 일상을 기록하는 수준을 넘어 본격적으로 나의 일상을 콘텐츠화 하고 싶다면 콘셉트가 중요하다. 내 일상 중 내가 보여주고자 하는 콘셉트와 연관된 일상만 선택적으로 보여주는 것이다. '문구 덕후'라는 콘셉트를 잡았다면 다이어리 꾸미기 노하우나 새로 산 떡메모지를 보여주는 콘텐츠를 만들면 된다. '미니멀라이프를 즐기는 사람'이라는 콘셉트를 강조하고 싶다면 일상 속 미니멀라이프를 실천하는 모습을 기록하면 된다.

취향 콘텐츠

내가 좋아하는 것을 똑같이 좋아하는 사람을 만나면 일단 반갑다. 온라인 세상 속에서도 똑같다. 내가 좋아하는 것이 무엇인지 취향을 밝히면 자연스럽게 같은 취향을 가진 사람들이 내 SNS에 모여들게 된다.

이 또한 단계별 가이드를 따라 해보자.

❶단계 : 좋아하는 것을 리뷰하자

내가 좋아하는 것은 당연히 디테일한 부분까지 잘 알고 있다. 내 경험을 사람들에게 공유한다는 마음으로 가볍게 리뷰해 보자. 정보가 필요한 사람에게는 유용한 콘텐츠가 될 것이고 비슷한 취향을 가진 사람에겐 공감을 불러일으킬 것이다.

❷단계 : 적극적으로 추천해 보자

────TIP────
필자의 경우, 브랜딩과 마케팅 책을 추천하는 콘텐츠를 주로 만드는데 구매 후 무척 유익했다는 피드백을 종종 받는다.

단순히 리뷰하고 소개하는 것을 넘어서 적극적으로 추천하는 콘텐츠를 만들어 보자. 덕질을 하다보면 자연스럽게 그 분야 전문가가 되어 있기 때문에 내가 추천하는 것을 신뢰하는 사람들이 생겨날 수밖에 없다.
내가 추천하고 사람들이 만족하는 경험이 반복되면 나에 대한 신뢰도가 점점 더 올라가고 자연스레 영향력이 커지게 된다.

❸단계 : 나만의 시선을 담아보자

똑같은 영화를 추천하더라도 사람마다 추천하는 관점이 다르다. 배우에 초점을 맞추는 사람, 스토리에 초점을 맞추는 사람, 연출이나 영화 배경에 초점을 맞추는 사람까지. 동일한 대상이라도 바라보는 시선이 다르기 때문에 만들어지는 콘텐츠도 제각기 다른 색을 띨 수 밖에 없다.

취향 콘텐츠 3단계는 바로 나의 시선이 느껴지는 콘텐츠를 만들어서 이름을 가리고 보더라도 내가 만든 콘텐츠인지 알아볼 수 있도록 하는 것이다. 즉, 나만의 색깔을 만들기 위해 노력해 보자.

전문분야 콘텐츠

나의 전문분야와 관련된 콘텐츠를 올리는 것도 좋다. 말 그대로 내가 전문적으로 잘 아는 분야이기 때문에 양질의 콘텐츠를 제작하면 신뢰도를 확실히 높일 수 있다.

❶단계 : 사람들이 궁금해 할만한 소재를 찾아 답변하기

특정 분야에 전문성을 가지고 있다면 관련된 질문을 많이 받을 것이다. 우선, 사람들에게 많이 받는 질문을 정리해서 답변하는 콘텐츠를 만들어보자.

❷단계 : 내 경험과 노하우를 추가하자

사실 전문가라면 ❶단계는 누구나 할 수 있다. 하지만 단순히 정보만 전달하는 콘텐츠로는 브랜딩이 될 수 없다. 정보성 콘텐츠에도 내 이야기를 담으려는 노력이 필요하다. 가장 쉬운 방법이 바로 내 경험과 노하우를 곁들이는 것이다. 관련된 사례가 있다면 꼭 덧붙여보자.

03 팔로워에서 팬까지, 사람들과 소통하기

TIP

아미(A.R.M.Y)없는 BTS는 상상할 수 없듯이, 브랜드에게 팬은 정말 중요한 존재다.

과거에는 개인의 인지도가 높아지는 것이 브랜딩에서의 중요한 지표였다면 요즘에는 팬덤이나 커뮤니티를 만드는 것이 굉장히 중요해졌다. 그러므로 나를 응원해주는 팬덤을 꼭 만들어야 한다.

콘텐츠를 꾸준히 만들다 보면 자연스럽게 팔로워가 늘어난다. 하지만 팔로워가 곧 팬덤이라고 볼 순 없다. 조금 더 강력한 연결감을 가진 팬덤으로 발전할 수 있도록 소통하고 노력하는 과정이 필요하다.

댓글에 답변하기

가장 쉬운 방법은 댓글로 소통하는 것이다. 사람들이 남겨준 댓글에 정성스럽게 답변을 남기는 것부터 시작하자. 댓글을 통해 소통하며 사람들과 더욱 가까워질 수 있고 콘텐츠에 대한 피드백과 팔로워의 의견을 직접적으로 확인할 수도 있다.

나를 언급한 콘텐츠 찾아가 댓글 남기기

따로 부탁하지 않았음에도 나와 관련된 콘텐츠를 만들어주는 사람들이 있다. 정말 감사한 분들이다. 시간이 날 때마다 내 브랜드명이나 관련 콘텐츠들을 검색해 보고, 관련된 글이 올라와 있다면 꼭 댓글로 감사의 인사를 남기자.

TIP
인스타그램은 해시태그를 팔로우 할 수 있으므로 내 브랜드명 해시태그를 팔로우 해 두는 것도 좋은 방법이다.

커뮤니티 운영하기

조금 더 적극적인 방법으로는 커뮤니티 운영이 있다. 카카오톡 오픈채팅방이나 네이버 카페와 같이 직접적인 커뮤니티를 운영하는 방법도 있고, 뉴스레터나 인스타그램 계정 등을 운영하면서 소속감을 부여하는 방법도 있다.

▲ 필자가 운영하는 프리랜서 커뮤니티 '뉴워커'

TIP
필자의 경우 유튜브 구독자를 기반으로 하는 오픈채팅방을 운영하고 있으며, 프리랜서 커뮤니티인 '뉴워커'는 뉴스레터와 인스타그램을 중심으로 운영하고 있다.

팬덤 이름이나 애칭 붙이기

BTS의 공식 팬클럽 '아미(A.R.M.Y)'처럼, 팬덤에 이름이나 애칭을 붙이는 것도 좋은 방법이다. 이렇게 팬덤에 이름을 붙여주면 소속감이 강해진다. 보통 팬덤의 이름은 팔로워들에게 의견을 묻고 투표하는 방식으로 정해지곤 하는데, 이 과정을 통해 팔로워는 브랜드에 참여하고 있다는 느낌을 받고 더욱 큰 애정과 소속감을 가질 수 있다.

TIP
'모베러웍스'라는 브랜드가 운영하는 유튜브 채널 'MoTV(모티비)'는 팬들을 '모쨍이'라고 부른다.

돈과 기회를 부르는 SNS

지금까지 SNS를 어떻게 하면 더 잘할 수 있는지 살펴보았다. 자, 이번에는 SNS 팔로워 수가 많아지고 나를 좋아해주는 팬이 많아지면 실질적으로 어떤 이익이 있을지 살펴보도록 하자. SNS의 성장에 따른 직접 수익과 퍼스널 브랜딩의 결과로 얻을 수 있는 간접 수익으로 나눠서 정리했다.

SNS로 돈 벌자! : SNS를 활용한 직접 수익

SNS 채널이 성장하면 다양한 경로로 수익을 얻을 수 있다. 네이버 블로그는 상위노출이 잘 될수록 인스타그램과 유튜브는 팔로워 수가 많을수록 큰 수익을 얻을 가능성이 커진다. 구체적으로 어떤 수익들이 있는지 알아보자.

플랫폼 광고 수익 : 네이버 블로그, 티스토리 블로그, 유튜브

플랫폼은 양질의 콘텐츠를 꾸준히 올려줄 크리에이터를 확보하기 위해 크리에이터에게 수익이 돌아갈 수 있는 방법을 계속해서 고민하고 있다. 플랫폼 광고 수익의 선두주자는 유튜브다. 기존에는 아무리 양질의 콘텐츠를 만들어 올려도 직접적으로 수익을 벌 수가 없었는데, 유튜브 플랫폼에서 크리에이터에게 광고 수익을 바로 지급함으로써 유튜브에 양질의 콘텐츠가 더 많이 올라올 수 있게 되었다.

유튜브를 시작으로 네이버도 크리에이터에게 더 많은 광고 수익을 제공할 방안을 마련하고 있다. 여전히 유튜브에 비해서 광고 수익 금액은 적지만, 네이버 애드포스트의 금액이 이전보다 더 증가했고 네이버 인플루언서 중에서 일정 기준을 충족하면 더 비싼 프리미엄 광고가 붙는 상품도 생겼다. 하지만 네이버 애드포스트로는 월 10만 원을 받는 것도 쉽지 않은 편이다.

249

더 큰 광고 수익을 원하는 사람들은 네이버 블로그 대신 티스토리 블로그에 구글 애드센스 광고 배너를 직접 설치하여 구글 광고 수익을 얻는다. 블로그 포스팅과 노출되는 비율에 따라 달라지지만, 열심히 운영한다는 가정하에 상대적으로 네이버보다 더 큰 수익이 발생하는 편이다.

최근에는 카카오도 카카오뷰(view.kakao.com/)라는 큐레이션 SNS를 런칭하면서 광고 수익을 지급하기 시작했다. 채널 친구 수 100명, 1년간 10개 이상의 보드를 생성하면 수익 창출 조건을 만족시킬 수 있다. 기존에 내가 운영하는 SNS의 콘텐츠를 카카오뷰로 퍼뜨리게 되면 양쪽에서 광고 수익을 받을 수 있을 뿐만 아니라 큐레이션만으로도 수익을 얻을 수 있으니 꼭 한번 살펴보도록 하자.

원고료 : 네이버, 인스타그램

네이버 블로그를 통해 가장 쉽게 접근할 수 있는 수익화 방법은 바로 '체험단'이다. 블로그 체험단은 블로그 리뷰가 필요한 업체 측에서 블로거에게 무상으로 제품을 협찬하고 리뷰를 요청하는 것이다.

만약 내 블로그가 해당 제품을 홍보하는데 최적화 되어 있거나 상위노출을 잘 시킬 수 있다면, 제품 협찬 뿐 아니라 원고료를 받고 본격적인 광고글을 써줄 수도 있다. 원고료는 건당 1~3만 원에서 많게는 20~30만 원까지 받을 수 있다.

요즘에는 네이버뿐만 아니라 인스타그램에도 게시물 업로드를 조건으로 원고료를 지급하기도 한다. 네이버 블로그는 상위노출이 잘 될수록 유리하다면 인스타그램은 팔로워 수가 많을수록 유리하다.

PPL 및 브랜디드 콘텐츠 제작 : 유튜브

영상에 자연스럽게 제품이 노출되는 형태는 'PPL', 제품이 메인이 되는 영상은 '브랜디드 콘텐츠'라고 말한다. PPL보다 브랜디드 콘텐츠의 가격이 더 높게 형성되어 있으며 구독자 수에 비례하여 광고 단가가 올라간다.

전업 유튜버들이 가장 많은 수익을 얻는 방법이 바로 브랜디드 콘텐츠 제작이다. 일정 수준의 구독자 수를 보유하면 건당 수백만 원을 받을 수 있으며, 100만 구독자가 넘어가는 경우에는 부르는 게 값일 정도로 큰 수익을 얻을수 있다. 만약 브랜디드 콘텐츠를 해당 브랜드에서 2차로 활용하고자 하는 경우, 영상을 사용하는 것에 대한 추가 비용을 받을 수 있다. 이때 2차 활용 채널의 개수와 형태에 따라 다양하게 가격이 형성된다.

제휴 마케팅 : 쿠팡 파트너스

내가 올린 특정 링크를 통해 제품이 판매될 때 일정 수수료를 받는 형태를 '제휴 마케팅'이라고 한다. 대표적인 제휴 마케팅으로 쿠팡 파트너스가 있다. 제휴 마케팅은 블로그, 인스타그램, 유튜브 등 어떤 채널을 사용하건 상관없이 링크를 클릭하여 해당 상품을 구매하게 하면 된다.

다만 링크만 올린다고 수익이 쉽게 생기진 않는다. 판매할 제품과 연관된 콘텐츠를 잘 만들고 더 많은 사람들이 와서 볼 수 있도록 채널을 성장시켜야 한다. 또 블로그로 제휴 마케팅을 할 경우, 외부 링크 사용으로 인해 저품질 블로그가 될 수 있으니 특별히 주의하며 운영해야 한다.

SNS로 기회를 잡자! : SNS 외의 간접 수익

SNS 채널에서 직접 돈을 버는 것은 아니지만, SNS를 통해 쌓은 성과와 영향력을 바탕으로 간접 수익을 만들어낼 수 있다. SNS에서 퍼스널 브랜딩을 한 결과로 새로운 기회가 열리는 것이다. 대표적인 몇 가지 유형들을 살펴보자.

작가 활동

─── TIP ───
SNS의 팔로워가 많은 편이라면 책을 홍보하는 데도 도움이 된다.

나만의 콘텐츠가 있다면 온라인에 콘텐츠를 만드는 것에서 한 걸음 더 나아가 책을 쓰는 작가로 커리어가 확장될 수 있다. 브런치나 블로그에 쓴 글이나 인스타그램에 연재했던 인스타툰이 책으로 만들어지기도 한다. 유튜버들도 자신의 이야기와 노하우를 담은 책을 출간하는 일이 흔해졌다.

🔊 **잠깐만요** ⋮ **꾸준히 글을 쓰고 싶다면, 뉴스레터**

뉴스레터는 최근 들어 새롭게 생겨난 방식으로, 독자에게 직접 구독료를 받고 글을 연재하는 것이 특징이다. 특히 뉴스레터 시장이 점점 커지면서 유료 뉴스레터를 운영하는 경우도 증가하고 있다. 블로그에 무료로 콘텐츠를 올리는 데에서 한 걸음 더 나아가 가치 있는 콘텐츠를 유료로 구독하고 받아볼 수 있는 서비스를 운영하는 것도 충분히 고려해 볼 만하다. 개인이 운영하는 유료 뉴스레터 서비스의 대표적인 예로는 '일간 이슬아'와 '썸원의 Edit&Summary', '차우진의 TMI.FM'이 있다.

만약 뉴스레터를 운영하고자 한다면 뉴스레터 서비스를 제공하는 플랫폼을 이용하면 된다. 국내 플랫폼으로는 **스티비**(stibee.com)와 **메일리**(maily.so)가 있고, 해외 플랫폼으로는 **메일침프**(mailchimp.com)가 가장 보편적으로 사용된다.

▲ 국내 뉴스레터 플랫폼 스티비와 메일리

출판사에 기고하여 책을 출간할 수도 있지만 요즘에는 직접 책을 출판하는 독립출판 시장도 커지고 있다. 대중성이 중요한 일반 책과는 달리, 독립출판은 작가의 개성이 드러나는 책이 잘 팔리는 편이다. 본인의 콘텐츠 결에 맞게 선택해서 출간하면 된다.

——TIP——
필자 또한 '콘텐츠 플래닝 가이드'라는 PDF를 만들어 판매하고 있다. 첫 런칭은 와디즈라는 크라우드 펀딩 사이트에서 진행했으며, 현재는 네이버 스마트 스토어와 홈페이지에서 판매하고 있다.

요즘에는 꼭 실물 책을 출간하지 않아도 글을 써서 돈을 벌 방법이 다양해지고 있다. 외부 매체에 글을 기고할 수도 있고, PDF 전자책을 판매할 수도 있다. 특히, 누구나 손쉽게 PDF 형태로 전자책을 만들어 판매하는 시장이 성장 중이다. PDF만을 위한 새로운 콘텐츠를 만드는 경우도 있지만, 기존에 SNS 채널에 쌓아둔 콘텐츠를 잘 선별하고 정리하여 PDF로 판매하는 경우도 있다. PDF 출간의 경우 종이책과 달리 제작비가 들지 않기 때문에 부담없이 시도해 볼 만 하다.

PDF 전자책을 제작한 후 판매할 때는 직접 플랫폼을 운영하며 판매해도 되지만 크몽이나 탈잉, 클래스101과 같은 PDF 유통 플랫폼에 입점하여 더 많은 사람들에게 노출시켜 수익을 올릴 수도 있다.

퍼스널브랜딩 전문가가 만든 콘텐츠 기획 실전 노하우

출판 ┃ 비스타

1340% · 6,702,000원   종료 · 성공

▲ 크라우드 펀딩 플랫폼에서 판매하는 PDF 전자책의 예시

강의·컨설팅 등 지식 비즈니스

지식 콘텐츠를 만드는 사람이라면 전문지식과 경험을 바탕으로 강의나 컨설팅 등 지식 비즈니스를 할 수 있다. 기업이나 기관, 학교 등에서 다양한 주제로 강연을 주최하며 강사를 섭외할 때 주로 SNS를 검색해서 찾는다. SNS에 쌓아둔 콘텐츠가 나의 이력서가 되어 더 많은 기회를 가져다 줄 수 있다.

직접 강의나 컨설팅 서비스를 오픈하여 사람들에게 돈을 받고 서비스를 제공하는 것도 쉬워졌다. 필자 또한 직접 강의나 컨설팅 프로그램을 만들어 모집 공고를 홈페이지에 올린 후, 유튜브와 블로그, 인스타그램 등에 신청 링크를 연결하여 사람들을 모으고 있다.

마케팅 대행

SNS를 직접 운영하며 키운 경험과 노하우를 바탕으로 마케팅 대행을 할 수도 있다. 기업의 블로그나 인스타그램 운영을 대신해 주는 대가로 포스팅 개수당 돈을 받거나 아예 월별로 견적을 내어 돈을 받고 일을 할 수도 있다.

필자도 개인 블로그를 운영한 경험을 바탕으로 여러 개의 기업 블로그와 인스타그램을 대신 운영해 준 경험이 있다. 만약 마케팅 대행을 하고 싶다면 회사를 차려서 본격적으로 해도 되지만 프리랜서나 부업으로 충분히 추가 수익을 얻을 수 있다.

마케팅 대행을 하고 싶은데 어떻게 홍보해야 할지 모르겠다면, 크몽과 같은 플랫폼에 서비스를 만들어 올리는 것도 좋은 방법이며 자신이 운영하는 SNS에 직접 서비스를 홍보하는 게시물을 올려보는 것도 좋다.

브랜드 런칭

만약 만들고 싶은 상품이나 브랜드가 있다면 브랜드를 런칭하고 직접 판매할 수 있다. 팬덤만 있다면 그 무엇이든 판매할 수 있는 시대가 되었다. 오랜 시간 콘텐츠와 소통으로 누적된 신뢰가 제품 구매로 이어지기 때문이다.

브랜드를 런칭하고 싶은가? 그렇다면 더더욱 SNS를 열심히 운영해야 한다. 브랜드를 만든 후 SNS 마케팅을 하는 것보다 SNS를 열심히 운영하여 팬덤을 만든 후 브랜드를 런칭하는 게 훨씬 더 빠르고 확실한 방법이기 때문이다.

🔊 잠깐만요 ::: 지식 비즈니스를 도와주는 다양한 플랫폼

요즘에는 강의나 컨설팅을 쉽게 오픈할 수 있는 플랫폼도 많이 생겨났다.
온라인 강의를 런칭할 수 있는 대표적인 회사는 **클래스101**(class101.net)과 **탈잉**(taling.me)이 있다. 클래스101에서 강의를 런칭하려면 수요조사 페이지를 오픈하고 200개의 응원을 받아야 하지만 **에어클래스**(airklass.com)나 **인프런**(inflearn.com)과 같은 플랫폼은 별도의 기준 없이 미리 제작한 영상 강의를 업로드하고 판매

▲ 필자가 운영하는 홈페이지 'be.star'

할 수 있다. 일대일로 컨설팅을 하고싶다면 **크몽**(kmong.com), **탈잉**(taling.me), **숨고**(soomgo.com)가 대표적인 플랫폼이다.
플랫폼을 이용할 경우, 플랫폼 수수료를 제하고 수익을 얻는데 플랫폼에 중개 수수료를 지불하고 싶지 않거나 내가 운영 중인 SNS로 강의나 컨설팅을 홍보할 수 있다면 직접 홈페이지를 만들어서 판매하는 것도 좋은 방법이다. 요즘에는 홈페이지를 손쉽게 만들 수 있는 홈페이지 빌더 서비스들이 많이 생겨났기 때문에, 큰 비용을 들이지 않고 전문적인 기술이 없이도 홈페이지를 만들어 운영할 수 있다. 홈페이지 빌더 서비스로는 **아임웹**(imweb.me)과 **식스샵**(sixshop.com)이 있다. 필자 또한 아임웹으로 홈페이지를 만들어 강의와 컨설팅을 직접 판매하고 있다.

INDEX